JN087333

上手な相続は

生前贈与

で決まる！ 図解でわかりやすい
89のポイント

税理士法人
TARGA
代表社員 松本有史 Matsumoto
Yuji

現代書林

はじめに

　これまでの経験を通じて、言い切れることがあります。相続対策を考える上で、一番確実で間違いない方法とは何か——？

　それは、「生前贈与」です！

　節税対策を考えるのであれば、なおさらです。その証拠に、生前贈与に関して大幅な税制改正も予定されています。生前贈与をすることによって、有利に相続税の節税を図ってきたことに対して、メスが入れられるというわけです。

　とはいっても、生前贈与の効果がまったくなくなってしまうことにはならないはずです。現時点では、税制改正の詳細はわかりませんが、まずは本書にて、現行の制度をしっかりと押さえた上で生前贈与を行い、税制改正があった場合には、その内容に合わせて生前贈与のやり方を変えていくことになります。

　税理士になって27年間、今まで相談だけの方も含めたら3,000件以上、様々なケースの相続に関するお手伝いをさせていただきました。

　27年の間に、世の中の相続に対する考え方・イメージも変わりました。例えば、昔は遺言書を作成する方はそれほど多くはありませんでしたが、最近では「終活」という言葉もあり、遺言書を作成する方も増えてきました。

　私が税理士になったばかりの頃は、相続のことを考えることは、「死」をイメージすることにもつながり、多くの方は敬遠されてきたようです。

しかし、近頃は多くの方が普通に相続のことを考えるようになってきました。時代が変わると常識も変わるものだなとつくづく思います。

　世間の常識が変わる一方で、法律も大きく変わりました。中でも、平成27年の相続税法の大改正は大きな転換点でした。それまで相続税は一部の富裕層の方だけにかかる税金でした。

　具体的には100人の方が亡くなった場合に、相続税がかかる方は約4名でした。それが改正後には、約8名に増加しました。

　これは全国平均ですから、高額所得者が多く、土地の財産価値が高い都市部ですと、100人の方が亡くなった場合に、15名以上の方に相続税がかかっている地域もあります。

　このように、それまでは一部の富裕層の方だけが相続税のことを考えればよかったのですが、今では多くの方が相続税のことを考える必要がある状況になってきています。

　そこで、相続対策を考える上で、早い段階で財産を確保でき、節税効果も期待できる一番確実で間違いない方法として、「生前贈与」を中心とする生前対策を検討し、実行していく方が増えてきているのも事実です。

　ところが、実際に多くの方が行っている生前贈与は間違いだらけです。その要因は法律にあります。贈与や相続には主に2つの法律が関係しています。それは、「民法」と「相続税法」です。

　簡単に説明すると、民法は財産の引き継ぎ方に関することを決めており、相続税法はその引き継いだ財産にかかる相続税や贈与税に関することを決めています。

　実は、私ども税理士のような専門家でも、この2つの法律の相違点をすべてしっかり押さえている人は多くないかもしれません。

　それが一般の方となると、自分が主となって相続のことを進めていくことは、一生に1回経験するかしないかですから、贈与や相続に関

して、民法と相続税法の相違点をしっかり押さえられていないのは無理もありません。

　生前贈与は相続対策を考える上で、非常に大きな役割を果たしてくれますが、聞きかじりの知識で安易に行ってしまうと、思わぬ税金がかかってしまうなど、後で後悔することにもなりかねません。

　そこで本書では、できるだけ多くの方に、法律に基づいた相続・贈与に関する正しい知識を習得していただくためにも、「民法」と「相続税法」の違いを押さえながら、相続・贈与に関する基礎的な項目をすべて盛り込みました。

　ある程度の専門用語は出てきますが、できるだけ平易な表現でわかりやすくすることを心がけました。そして、図表やイラストも多く使い、文章を読まなくてもパッとイメージできるようにしました。

　皆様が生前の相続対策を考える上で、少しでもお役に立てれば幸いです。

　最後に、本書を出版するにあたって、現代書林の田中正樹氏、小野田三実氏には貴重なアドバイスをいただきました。

　税理士法人 TARGA のメンバーである久保田祥宏さん、影山敬洋さん、菅沼知子さん、夏目友也さん、向坂隼人さん、松井志帆さんには業務で忙しいところ執筆に協力していただきました。本当にありがとうございました。この場をお借りして、皆様に感謝申し上げます。

　2021年盛夏

税理士法人 TARGA 代表税理士　松本有史

目　次

まえがき　1

第 **1** 章　ここは押さえよう！

相続・贈与の基礎知識

1－1　相続の99％は生前対策で決まる！　12

1－2　節税対策と分割対策はどちらが優先か？　16

1－3　生前対策のためにまず贈与を知ろう！　20

1－4　相続が発生してからの流れはこうなる！　22

1－5　相続人になれるのはどの人までか？　24

1－6　養子がいる場合は相続人の数が変わる！　26

1－7　代襲相続とはどんな場合のことか？　28

1－8　相続財産はどのように分けるのか？　30

1－9　借金も引き継がなければならないのか？　34

1－10　寄与分とはどういうものか？　36

1－11　特別受益とは何を指すのか？　38

1－12　遺言はどのように遺せばいいのか？　40

1－13　遺言にはどんな効力があるのか？　42

1－14　相続人には最低限の保障がある！　46

1－15　配偶者の居住権は遺言で守れる！　48

1－16　死んでから成立する贈与がある！　52

1－17　何かをする約束を伴う贈与がある！　54

第2章 これならわかる！ 相続税と贈与税の仕組み

2 ‒ 1　相続税と贈与税の概要を知ろう！　58

2 ‒ 2　財産がいくらあると相続税がかかるのか？　60

2 ‒ 3　相続税はこうして計算する！　62

2 ‒ 4　相続税額早見表で調べてみよう！　64

2 ‒ 5　配偶者の税額軽減で節税ができる！　66

2 ‒ 6　相続前3年間の贈与は相続財産になる！　68

2 ‒ 7　相続税が2割加算される場合がある！　70

2 ‒ 8　いくら贈与すると贈与税がかかるのか？　72

2 ‒ 9　贈与税はこうして計算する！　74

2 ‒ 10　贈与税額早見表で調べてみよう！　76

2 ‒ 11　贈与税がかからない財産がある！　78

2 ‒ 12　離婚に伴う財産分与に税金はかかるか？　80

2 ‒ 13　親にお金を借りる際は注意が必要になる！　82

2 ‒ 14　国外財産に相続・贈与の課税はあるのか？　84

2 ‒ 15　相続税と贈与税のペナルティーは何か？　86

2 ‒ 16　相続税と贈与税に時効はあるのか？　88

第 **3** 章 これで安心！
生前贈与のやり方

3 － 1 　生前贈与を行う前に現状を把握しよう！　92

3 － 2 　民法と相続税法の違いを押さえよう！　94

3 － 3 　生前贈与には注意すべきことがある！　96

3 － 4 　名義を変えた預金は相続財産になり得る！　98

3 － 5 　贈与契約書はこうして作る　100

3 － 6 　未成年の孫への贈与は認められるのか？　102

3 － 7 　孫への贈与はどれだけ有利なのか？　104

3 － 8 　認知症の父から受けた贈与は大丈夫か？　106

3 － 9 　暦年贈与によって相続財産を圧縮できる！　108

3 － 10 　上場株式の贈与にはタイミングがある！　110

3 － 11 　上場株式の贈与では節税もできる！　112

3 － 12 　どんな財産を優先的に贈与するといいのか？　114

3 － 13 　赤字会社への贈与には有利になる点がある！　116

3 － 14 　相続直前の贈与は子より孫がよい！　118

3 － 15 　贈与してはいけない財産とは何か？　120

3 － 16 　贈与を決断する際は気持ちも大事にする！　122

第 **4** 章 ここが決め手！

得する贈与の特例あれこれ

4－1　贈与税の配偶者控除の活用を考えよう！　126

4－2　贈与税の配偶者控除は有利なだけではない！　128

4－3　相続時精算課税制度も選択肢の一つになる！　130

4－4　相続時精算課税制度はデメリットもある！　132

4－5　住宅取得資金の贈与は節税につながる！　134

4－6　教育資金の一括贈与は将来を考えて行う！　136

4－7　結婚・子育て資金も一括贈与に効果がある！　138

4－8　農地の贈与税には納税の猶予がある！　140

4－9　非上場株式などにも贈与税の猶予がある！　142

4－10　特定障害者には非課税の決まりがある！　144

第 **5** 章 さらに得する!

不動産を活用した生前対策

5－1　不動産の贈与にかかる費用を知っておこう!　148

5－2　土地（宅地）はこうして評価される!　152

5－3　建物はこうして評価される!　162

5－4　賃貸用不動産は名義を揃えるのがよい!　164

5－5　小規模宅地等の評価減を活用する![その1]　166

5－6　小規模宅地等の評価減を活用する![その2]　171

5－7　タワーマンションには大きな節税効果がある!　175

5－8　二世帯住宅は検討する価値がある!　178

5－9　広く大きな宅地には特別な評価方法がある!　180

5－10　小口不動産による節税対策がある!　184

5－11　管理会社を設立して不動産の節税をする!　190

5－12　一般社団法人に関わる節税対策がある!　194

第 6 章 まだまだある！ その他の生前対策

6-1　贈与したからといって安心するのは危険！　200

6-2　こういう場合は遺言書を作成しよう！　202

6-3　養子縁組の検討も相続には意味がある！　204

6-4　相続財産を圧縮する方法もいろいろある！　206

6-5　遺留分の生前放棄で希望の相続を実現する！　208

6-6　認知症に対しては事前に対策をしておく！　210

6-7　成年後見人について理解しておこう！　212

6-8　家族信託について理解しておこう！　216

6-9　共有不動産は生前に単有にしたほうがよい！　218

6-10　墓地や仏壇は生前に購入しておく！　220

6-11　自宅の改築は生前に済ませておく！　222

6-12　生命保険を活用すると相続対策ができる！　224

6-13　死亡保険金の受取人は誰がいいのか？　226

6-14　生前贈与と生命保険を組み合わせて活用する！　228

6-15　相続を放棄しても保険金はもらえるか？　230

6-16　生命保険を活用して遺留分対策を講じる！　232

6-17　退職金の非課税枠も有効に活用しよう！　234

6-18　預金は死亡する前に引き出したほうがよい！　236

第 **1** 章

ここは押さえよう！

相続・贈与の基礎知識

1-1 相続の99%は生前対策で決まる！

● ぜひとも生前対策を

　相続対策は生前にやってこそ、効果が期待できます。相続が開始した後では、有効な対策はほとんどありません。

　ところが現実的には、約8割、いや9割以上の方が、何らかの対策をされることなく相続を迎えています。

　私ども税理士法人 TARGA にも、日々多くの方が相続の相談に来られます。そのほとんどの方は、相続が発生した後に、相続財産を引き継ぐために、やむを得ず相談に来られているのが実情です。

　どうして、やむを得ず来られるのかと言えば、相続の手続きをしないと、亡くなった人の相続財産がそのまま宙に浮いた形になってしまい、相続財産を引き継ぐ人の財産にならないからです。

　例えば、相続財産の中に預貯金があったとしたら、その引き出しができなくなってしまいます。その預貯金を引き出すためには、相続手続きが必要です。ところが、この相続手続きのやり方がよくわからないから、やむを得ず相談に来られるというわけです。

　人間誰でもそうですが、できれば変わりたくない、そのままでいたい、面倒くさいことは極力やりたくない。まして、自分が死んでしまった後のこととなると、余計にそう感じることでしょう。

　そう考えると、生前に相続対策を検討し、それを実行される人が少ないのは当然かもしれません。

　結果として、そのまま相続を迎えてしまうと、後で財産を引き継ぐ人が苦労することにもなりかねません。苦労しなくとも、より有利に財産を引き継ぐことができたら、財産を引き継ぐ人からすれば、誰だって、そのほうが良いに決まっています。

「転ばぬ先の杖！」ではありませんが、財産を引き継ぐ人が苦労しないようにするためにも、また、より有利に財産を引き継ぐことができるようにするためにも、私どもは生前対策を実行することをおすすめしています。

● どうして生前対策が有効なのか

　有効な相続対策は、そのほとんどが相続が開始する前にしかできない対策です。相続が開始した後でもできる有効な対策があればいいのですが、現実的にはありません。

　その理由を考えてみましょう。そもそも相続とは、亡くなった人の財産などの様々な権利・義務を包括的に引き継ぐ行為のことを言い、その財産などを引き継ぐ権利のある人を「相続人」と言います。

　相続という行為をする上で、基本要素になるのが、「相続財産」と「相続人」の２つです。**この「相続財産」と「相続人」は相続が開始した時点、その瞬間で確定するのです。**

　もっと言うと、どれだけ財産があって、誰が相続人になれるのかが、相続が開始した瞬間に確定するのです。

　ということは、この２つの基本要素が確定する前に、何らかの対策をしておかなければ、有効な対策はできなくなってしまうということになります。

　これが、相続対策は相続が開始する前にしなければ、有効な対策はできなくなってしまうという理由です。

　したがって、私どもはぜひとも、相続対策として、生前対策を実行することをおすすめしているのです。

　次に挙げる２つの事例は、生前対策をした場合としなかった場合の比較です。わかりやすく説明するために、非常にシンプルな内容にしましたが、これを見ていただければ一目瞭然。生前対策をしないことは、とてつもないリスクだということがわかるはずです。

もめないための遺産分割対策をした場合としなかった場合の比較

前提条件：相続財産の総額1億5,000万円

相続人 被相続人の兄、姉、弟の計3人

（配偶者は既に死亡、子どもなし、父母も既に死亡）

対策案：兄にすべての財産を相続させる旨の遺言書を作成

	対策前	対策後
相続人	兄弟3人	兄弟3人
遺言書	なし	あり
兄の取得財産	**5,000万円**	**15,000万円**
姉の取得財産	5,000万円	0円
弟の取得財産	5,000万円	0円

兄の取得財産
対策前と対策後の差額は＋1億円!

　相続人が兄弟姉妹の場合には、遺言書を作成しておけば、被相続人の意思がすべて相続に反映され、他の兄弟姉妹が相続財産を相続することはありません。

　この事例の場合、生前対策をせず法定相続分で相続をしたとすると、兄の取得財産は5,000万円となりますが、生前対策として「兄にすべての財産を相続させる旨」の遺言書を作成すれば、兄の取得財産を1億5,000万円にすることができます。

相続税の節税対策をした場合としなかった場合の比較

> 前提条件：相続財産 土地8,000万円 預貯金5,000万円
> 相続人 妻、長男、次男の計3人

※土地は１カ所のみで、月極駐車場として貸し付けている

対策案１：借入金１億円でマンションを建築

対策案２：生命保険1,500万円加入

	対策前	対策後
土地	8,000万円	6,320万円
建物	0円	4,200万円
預貯金	5,000万円	3,500万円
生命保険金	0円	1,500万円
借入金	0円	▲10,000万円
非課税枠	0円	▲1,500万円
合計	13,000万円	4,020万円
相続税	1,135万円	0円

1,135万円の相続税が0円!

　相続税の節税対策も、生前に行うことにより大きく節税することができます。この事例の場合、不動産の有効活用と生命保険契約を活用し、相続税がかからないように相続財産を圧縮しています。

節税対策と分割対策はどちらが優先か?

● 対策には優先順位がある

相続対策と一口に言っても、いくつか種類があります。読者の皆様が思い浮かべる相続対策にも、それぞれ違いがあると思います。今までは、一般的に相続対策というと下記の3つでした。

①争わないための遺産分割対策
②納税資金対策
③相続税の節税対策

ところが最近では、これらに加えて、以下の2つを含めた5つの対策をすべてバランス良く検討する必要があります。

④資産の最適運用対策
⑤「まさか」に備えた対策

私どもがいろいろな方の相続のお手伝いをしていて、いつも感じることがあります。

それは、相続とはその字のごとく、親から子へ、子から孫へ、経済的な財産だけでなく、生きるための知恵なども含めて、あらゆるものを引き継いでいくことなのだなと感じます。

では、親の立場から子や孫たちに望む一番のことは何かと考えると、多くの方は、兄弟姉妹仲良く力を合わせて、生きていってほしいということではないでしょうか。

そう考えると、5つの対策の中で一番大切なのは、「争わないための遺産分割対策」ということになります。

もちろん、過去の経緯など、ご家族により様々なご事情があると思

いますので、兄弟姉妹仲良く力を合わせてなんて、とてもできないという方もいらっしゃるでしょう。

しかし、法律上は兄弟姉妹が平等に相続の権利を持っているので、そのようなケースにおいては、間違いなく遺産分割でもめることになります。

現実として、兄弟姉妹仲良く力を合わせて生きていくということは、それほど多くないかもしれません。

逆に、今後できるだけ兄弟姉妹と関わりたくないという方もいらっしゃることでしょう。

このような場合に、兄弟姉妹が平等に持っている相続の権利を、うまく分けていくためにも、**「争わないための遺産分割対策」が大切**になってきます。

◉ 優先順位を間違えてしまった事例

ここで、相続対策の優先順位を間違えてしまった場合の、よくある具体例を紹介させていただきます。

父が所有している財産は1億円の土地だけで、相続人は兄弟2人とします。

相続税の節税だけを考えたら、借入金により父が所有している土地にマンションを建てて他人に賃貸します。そうすれば相続税はかからなくなるケースがほとんどです。

ところが、遺産分割にあたって、この土地とマンションは半分に切り離すことはできませんので、話し合いがうまくいかなければ、兄弟2人で共有せざるを得なくなります。

兄弟2人で共有し、マンション経営が順調であれば、いずれ孫同士が共有することになり、さらにひ孫へと細分化していく可能性もあります。

いつの日か、疎遠な者同士が共有することになり、マンション経営

にあたって意見が一致せず、もめることにもなりかねません。

　マンション経営がうまくいっていればまだいいかもしれませんが、今後の社会問題として、少子高齢化にも注意が必要です。

　日本の人口は平成20年の１億2,800万人をピークに減少傾向にあります。

　とっくに人口減少は始まっているのです。今から約40年後には9,000万人になるという予想も出ています。

　そうなると、当然今より空き家が増えていきます。それに加えて、新しいアパート・マンションの供給もあるので、さらに空き家率は増加するかもしれません。

　人口が少ない郊外にアパート・マンションを建築した場合、はじめのうちは新築で入居があったとしても、老朽化したら入居がつかなくなることも想定しておくべきでしょう。

　アパート・マンション建築によって相続税を節税できたとしても、そもそも入居者がいなかったら、借入金の返済もできなくなってしまいます。

　この事例のように、「相続税の節税対策」はできたとしても、それより大切な「争わないための遺産分割対策」や「資産の最適運用対策」ができていなければ、対策の意味がなくなってしまいます。

　相続税の節税という目的はクリアできたかもしれませんが、これでは本末転倒になってしまいます。

　このようにならないためにも、優先順位を考えて、それぞれのご家庭の個別事情をしっかり考慮し、バランス良く相続対策を行っていく必要があります。

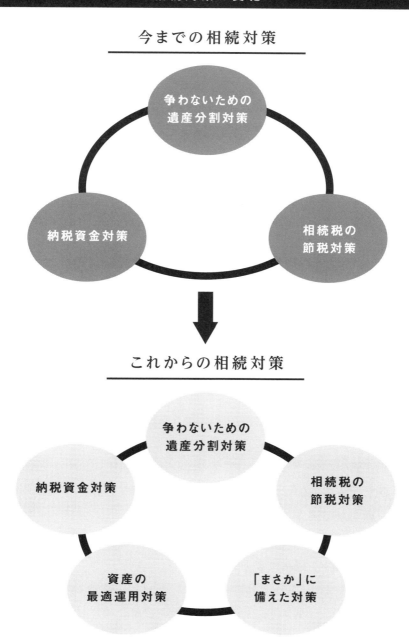

相続対策の変化

今までの相続対策

- 争わないための遺産分割対策
- 納税資金対策
- 相続税の節税対策

これからの相続対策

- 争わないための遺産分割対策
- 相続税の節税対策
- 納税資金対策
- 資産の最適運用対策
- 「まさか」に備えた対策

1-3 生前対策のために まず贈与を知ろう!

● 贈与の定義

贈与とは、財産を渡す側の「あげます」という意思と、受け取る側の「もらいます」という双方の合意に基づき、無償で財産を与える契約行為を言います。したがって、一方的に財産を渡したとみなされる場合は、贈与は成立しません。

例えば、祖父が孫名義の預金通帳を作成して、その通帳にお金を振り込んだだけでは、贈与契約は成立していないことになります。なぜなら、孫は自らの管理下でお金を自由に使うことができず、受け取る側の意思が示されていないからです。

一方で、孫が自ら通帳を作成して、キャッシュカードや印鑑を持ち、自由にそのお金を引き出せる状態であれば、贈与は成立していると言えるでしょう。

贈与は法律行為であり、財産を渡す側と財産を受け取る側の双方の合意によって成立します。「贈与をしたつもりができていなかった」では淋しいので、しっかり押さえておきましょう。

● 相続と贈与の違いは財産が移るタイミング

相続と贈与の違いは、死亡した後に財産を渡すか、生きている時に財産を渡すかで決まります。

死亡した後に財産を渡す場合は「相続」、生きている時に財産を渡す場合は「贈与」になります。

生前に贈与をしないで相続を迎えてしまうと、持っていた財産はすべて相続財産となります。有利に相続を進めるためには、生前に贈与を行い、相続財産を減らすことをおすすめします。

● 相続と贈与は税金も違う

　相続があった時と贈与があった時とでは、それぞれかかる税金も異なります。相続税は、亡くなった人が一定額以上の財産を持っていた場合にかかる税金です。贈与税は、贈与契約により一定額以上の財産を譲り受けた場合にかかる税金です。どちらも財産を受け取った人が申告・納税をする税金です。

　相続税は亡くなった人のすべての財産に対してかかるため、課税対象額は多くなります。そこで、生前に贈与を行うことによって、相続が開始するまでに相続財産を減らしておけば、相続税の課税対象額を下げられます。

　相続税は、財産が多いほど税率が高くなるという累進税率なので、生前贈与を行っておけば、その分税率が低くなり有利です。

　ただし、相続税の税率より贈与税の税率は高いため、生前贈与を行う際には、贈与税の基礎控除額110万円の範囲内や低い税率の範囲内で、少しずつ生前贈与を行うことが節税になります。

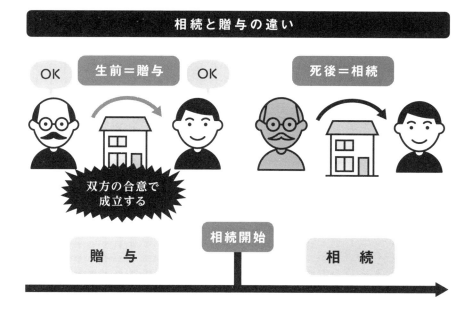

相続と贈与の違い

OK 　生前＝贈与　 OK 　　死後＝相続

双方の合意で成立する

贈　与　　相続開始　　相　続

1-4 相続が発生してからの流れはこうなる!

● 最初に遺言書の有無の確認

　相続が開始すると、通夜から葬儀、初七日まで、あっという間に時間が過ぎていくものです。相続の手続きを考えはじめるのは、初七日が過ぎたあたりからが通常です。**具体的には、遺された財産や債務の清算、名義変更をすべて完了させることを指します。**

　相続手続きを進める上で、相続人は最初に遺言書の有無を確認します。次に、相続人の確定・債務を含めた相続財産の調査へと進んでいきます。

　遺言書がある場合には、遺言書に基づいて相続をします。遺言書がない場合には、相続人の間で話し合い、相続をします。

　財産、債務の量や種類により、手続きが一通り落ち着くまでに1年近くかかってしまうこともあります。手続きの負担を軽減させるためにも、例えば、預金口座の数を減らしておくなどの生前対策を行っておくことが有効です。

● 期限には注意が必要

　相続手続きには、期限があるものがありますので、注意が必要です。法律上の主な期限は3つあります。確認しておいてください。

期限①：相続財産のうち、財産より借金が多い場合には、「相続放棄の申請」または「限定承認の申請」を、3ヵ月以内に検討します。

期限②：被相続人の亡くなった年の1月1日から亡くなった日までの所得がある場合には、所得税の準確定申告を4ヵ月以内にす

る必要があります。

期限③：相続財産が一定額以上ある場合には、相続税の申告を10ヵ
月以内にする必要があります。

　3つの期限のうち、特に①の「相続放棄の申請」「限定承認の申請」
については、被相続人と相続人が疎遠であった場合などの特別な事情
がない限り、3ヵ月以内に手続きをしないと、被相続人の借金を背
負ってしまうことになります。注意が必要です。

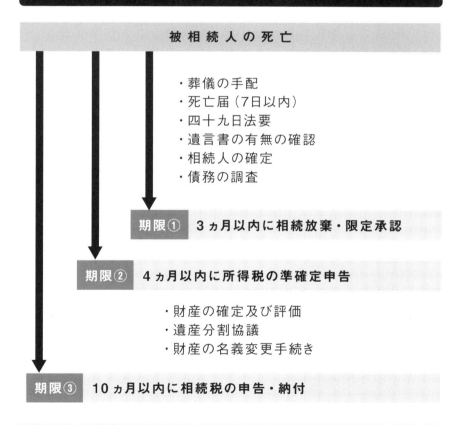

相続手続きの全体像

被相続人の死亡

・葬儀の手配
・死亡届（7日以内）
・四十九日法要
・遺言書の有無の確認
・相続人の確定
・債務の調査

期限①　**3ヵ月以内に相続放棄・限定承認**

期限②　**4ヵ月以内に所得税の準確定申告**

・財産の確定及び評価
・遺産分割協議
・財産の名義変更手続き

期限③　**10ヵ月以内に相続税の申告・納付**

財産の名義変更

相続人になれるのは どの人までか?

● 法定相続人の定義

相続人として、被相続人の財産を引き継ぐことができる人は、民法で定められています。民法で定められた相続人のことを「法定相続人」と言います。

法定相続人になれる人は、配偶者・子・父母・兄弟姉妹です。配偶者は必ず相続人になれますが、子・父母・兄弟姉妹は第1順位から第3順位まで、順位が決められています。

第1順位から優先的に法定相続人になれます。第1順位がいない場合には第2順位、第1順位も第2順位もいない場合には、第3順位が法定相続人になれます。

第1順位　子（子がいなければ、子の子孫）
第2順位　父母（父母がいなければ、祖父母）
第3順位　兄弟姉妹（兄弟姉妹がいなければ、兄弟姉妹の子）

子であれば、お嫁に行った娘でも相続人になれます。お嫁に行っても親子の関係には影響しません。

また、養子に行った子であっても相続人になれます。ただし、養子縁組には「普通養子」と「特別養子」があり、特別養子の場合は実父母の相続人にはなれません。

「普通養子」とは、当事者の合意のもと、養子縁組届を市区町村役場に提出し、それが受理されることにより成立する養子縁組です。養子となった者は、その日から養父母の実子と同じ立場になります。

一方で、実父母との親族関係は一切影響を受けず、そのまま継続されます。したがって、養父母が亡くなった場合も、実父母が亡くなっ

た場合も、相続人になれます。また、普通養子縁組は両者の合意があれば、離縁することができます。

「特別養子」とは、実親が経済的に困窮していたり、子どもを虐待していたりするような場合に、養父母となる者が家庭裁判所に請求して認められることにより成立する養子縁組です。

　実父母との親族関係は終了しますので、実父母が亡くなっても相続人にはなれません。原則として、離縁は認められません。

法定相続人

	相続人になれる人	条件
	配偶者	**生きていれば常に相続人になれる**
第1順位	**子** （子がいない場合）子の子孫	配偶者とともに一番優先的に相続人になれる
第2順位	**父母** （父母がいない場合）祖父母	子や子の子孫がいない場合に相続人になれる
第3順位	**兄弟姉妹** （兄弟姉妹がいない場合） 兄弟姉妹の子	子や子の子孫、父母や祖父母がいない場合に相続人になれる

1-6 養子がいる場合は相続人の数が変わる！

● 民法と相続税法を区別することが重要

　相続手続きを進めていく上では、民法と相続税法の両方の知識が必要になってきますが、民法と相続税法では異なる部分があります。その一例として、養子がいる場合には、民法上は養子の数に制限を受けませんが、相続税法上は養子の数に制限を受けるのです。

　相続税の基礎控除額は、「3,000万円＋600万円×法定相続人の数」です。相続税の節税を考えると、養子縁組をして相続人の数を増やしていけば、基礎控除額が増えます。

　例えば、相続人が実子2人だけの場合、基礎控除額は4,200万円（3,000万円＋600万円×2人）です。ところが、孫8人と養子縁組をすると、相続人は合計10人になりますので、そのままだと基礎控除額は、9,000万円になってしまいます。

　これでは相続税が減少してしまいますので、国としては困ってしまいます。そこで、相続税法では養子がいる場合には、以下の通り「養子の数」を制限することにしています。

①**被相続人に実子がいる場合**

　　法定相続人に含められる養子の数は1人まで

②**被相続人に実子がいない場合**

　　法定相続人に含められる養子の数は2人まで

　ここで制限される養子とは、「普通養子」だけであり、養子縁組により実父母との関係が終了する「特別養子」は含まれません。

　つまり、養子が「特別養子」である場合には、実子と同じ扱いになり、相続税法上においても制限を受けません。

このように、相続人の中に普通養子がいる場合には、相続税法上は養子の数に制限を受けます。しかし、民法と相続税法の違いをしっかり区別できている方は多くないでしょう。

　相談者の方から、「遺産分割において養子の数に制限がないのか？」という質問をされることがありますが、民法上は、養子の数に制限はありません。したがって、遺産分割を行っていく場合においては、養子が何人いても、全員が相続権を有していることになります。

養子の数の取り扱い

法律	ケース	養子の数
相続税法	被相続人に実子がある場合	1人
	被相続人に実子がない場合	2人
	税負担を不当に減少させる目的の養子と認められる場合	含められない
	特別養子 配偶者の連れ子養子	無制限
民法	すべての場合	無制限

1-7 代襲相続とは どんな場合のことか?

● 相続が順番通りに行かない場合

　通常、相続は、親から子へ、子から孫へと、生まれた順番で続いていくものです。しかし、必ずしも生まれた順番で死亡するとは限りません。親より先に子が死亡することもあります。

　このような場合には、子の代わりに孫が相続することになります。これを「代襲相続」と言い、子の代わりに相続人になった孫のことを「代襲相続人」と言います。

　代襲相続は、子が死亡していれば孫へ、孫も死亡していればひ孫へと続いていきます。ただし、相続人が兄弟姉妹の場合には、甥・姪までしか代襲相続人になることができません。

● 相続の欠格者・相続人の廃除の場合

　また、代襲相続が行われるのは、子が親よりも先に死亡した場合だけではありません。

　被相続人を殺そうとしたり、脅迫により被相続人に遺言書を書かせたりすると、「相続の欠格者」になります。さらに、被相続人を虐待した場合には、被相続人は、生前に家庭裁判所に申請するか遺言書により「相続人の廃除」をすることができます。

　つまり、相続人になるべき子が「相続の欠格者」や「相続人の廃除」になった場合には、孫が代襲相続人になるのです。

　しかし、相続人になる子が、「相続の放棄」をした場合は、初めから相続人ではなかったものとみなされるため、孫も代襲相続人にはなれません。

代襲相続

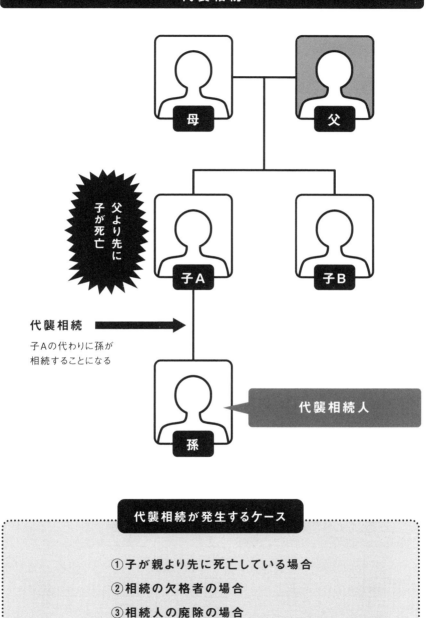

母　父

父より先に子が死亡

子A　子B

代襲相続
子Aの代わりに孫が相続することになる

孫

代襲相続人

代襲相続が発生するケース

①子が親より先に死亡している場合

②相続の欠格者の場合

③相続人の廃除の場合

1-8 相続財産は どのように分けるのか?

● 法定相続分はあくまでも目安

　民法では、相続人になれる人と、その人の財産の取り分を定めています。相続人の取り分のことを「法定相続分」と言います。

　法定相続分は、誰が相続人になるかによって決まります。次ページに法定相続分のパターンをまとめましたので、参考にしてください。同順位の法定相続人が複数いる場合には、その人数に応じて均等に分けます。

　このように、民法では法定相続分を定めていますが、遺産分割に関する原則的な考え方は、遺言書があれば遺言書通りに相続することです。そして、遺言書がない場合には、相続人間で話し合って決めます。

　これを「遺産分割協議」と言います。しかし、必ずしも話し合いがうまくいくとは限りません。そのような場合に、話し合いをうまく進めるための目安として法定相続分を定めています。

　したがって、「法定相続分通りに遺産分割をしなければならない」ということではありません。相続人全員で話し合った上で合意すれば、法定相続分とは違う遺産分割をすることができます。

　また、法律上の婚姻関係にある男女の間に生まれた子を「嫡出子」と言い、そうでない子を「非嫡出子」と言います。非嫡出子でも認知を受けた子は相続人になります。

　非嫡出子の法定相続分は嫡出子と同じように考えます。例えば、一度も会ったことのない異母兄弟が、同じ財産の取り分の相続人になるケースもあるのです。

法定相続分のパターン		
	法定相続人	法定相続分
配偶者がいる場合	配偶者のみ	配偶者が全部
	配偶者と子（第1順位）	配偶者1/2 子1/2
	配偶者と父母（第2順位）	配偶者2/3 父母1/3
	配偶者と兄弟姉妹（第3順位）	配偶者 3/4 兄弟姉妹1/4
配偶者がいない場合	子（第1順位）のみ	子が全部
	父母（第2順位）のみ	父母が全部
	兄弟姉妹（第3順位）のみ	兄弟姉妹が全部

※同順位の法定相続人が複数いる場合には、その人数に応じて均等に分けます。

法定相続分の具体例1（配偶者と子2人の場合）

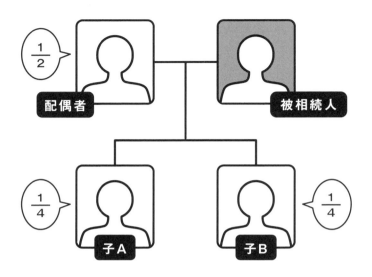

法定相続分の具体例2（配偶者と父母の場合）

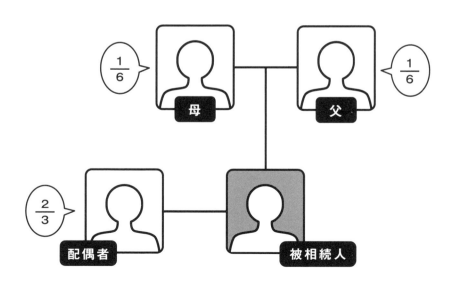

法定相続分の具体例3（配偶者と兄弟姉妹の場合）

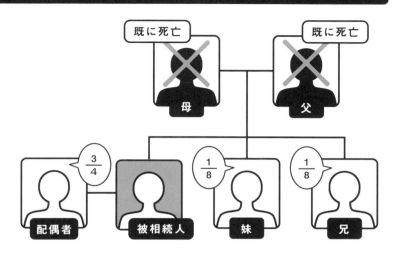

法定相続分の具体例4（配偶者と子と孫の場合）

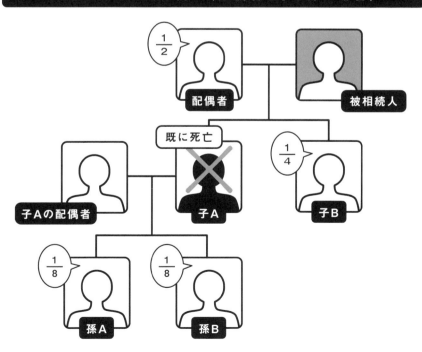

1-9 借金も引き継がなければならないのか?

● 引き継がなければならない財産

　亡くなった人の財産の中に借金がある場合には、借金も含めて引き継がなければならないのでしょうか。

　相続においては、プラスの財産だけでなく、マイナスの財産も、すべて引き継ぐ必要があります。引き継ぎは任意ではなく、義務です。**したがって、相続財産の中に借金がある場合には、借金も引き継がなければなりません。**

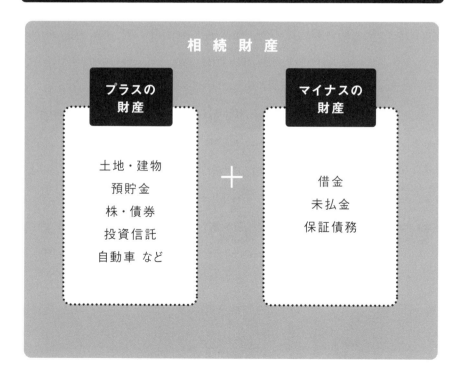

引き継がなければならない財産

相 続 財 産

プラスの財産
土地・建物
預貯金
株・債券
投資信託
自動車 など

＋

マイナスの財産
借金
未払金
保証債務

◉ 借金を引き継ぎたくない場合

　相続が発生してから、何も手続きをしなければ、たとえプラスの財産より、借金などのマイナスの財産が多い場合であっても、相続人はすべての財産を引き継がなければなりません。これでは相続人は困ってしまいます。

　そこで、一定の期限内に、「相続放棄」または「限定承認」の手続きをすれば、借金などのマイナスの財産を引き継がなくても済みます。これらも有効利用しましょう。

◉ 相続放棄

　相続人が、相続の開始があったことを知った日から3ヵ月以内に、家庭裁判所に対して相続放棄の申請をし、家庭裁判所が認めた場合には、相続自体を放棄することができます。

　ただし、相続放棄は、相続自体を放棄するわけですから、マイナスの財産はもちろん、プラスの財産もすべて放棄することになります。

◉ 限定承認

　相続放棄は、相続自体を放棄するため、相続財産のうち何一つ引き継ぐことができません。**そこで、限定承認を利用すれば、プラスの財産の範囲内に限定して、マイナスの財産を引き継ぐことになります。**

　限定承認も、相続放棄と同じように、相続の開始があったことを知った日から3ヵ月以内に、家庭裁判所に対して申請をします。

　限定承認は、下記のような場合に利用を検討するといいでしょう。

①思い出の詰まった自宅など、相続財産の中にどうしても引き継ぎたい資産がある場合
②借金などの債務の価額が不確定な場合
③相続財産の中に収益率の高い財産がある場合

寄与分とは
どういうものか?

● 寄与分が認められるのは相続人だけ

「寄与分」とは、被相続人の事業を手伝ったり、財産の維持もしくは増加に貢献をしたり、療養介護に著しく携わったりした場合に認められる法定相続分以外の取り分のことです。

例えば、被相続人の事業に、相続人が無給で従事していた場合には、給料を支払わなかった分、被相続人の財産が増加します。

ところが、被相続人の財産を法定相続分通りに分割してしまうと、無給で従事した相続人は損をしてしまいます。

そこで、民法では寄与分を認めることにより、相続人間の不公平を調整することとしているのです。

寄与分が認められた相続人は、被相続人の財産の中から、まずその分を優先的に相続でき、残りの財産は法定相続分で相続することができます。

実際に寄与分の価額を決める場合には、相続人間の話し合いで決めます。遺産分割協議の中で決めていくのが通常です。

相続人間で話し合いがつかない場合には、家庭裁判所での調停または審判により、決めてもらうことになります。

寄与分は相続人にのみ認められており、相続人でない人には寄与分は認められていませんが、相続人以外の人には、特別寄与料の請求を相続人に対してすることが認められています。

したがって、子の嫁が被相続人の事業に無給で従事していたとしても、養子縁組をしていない限り、寄与分は認められませんが、特別寄与料の請求をすることはできます。

寄与分が認められるケース

① 被相続人の事業に無給又は低額で従事した場合
② 被相続人の財産の形成に貢献した場合
③ 被相続人の療養介護に著しく携わった場合

寄与分がある場合の遺産分割の例

相続財産　5,000万円
相続人　　子A、子B、子Cの3人
相続財産のうち2,000万円は寄与分として子Aへ

相続財産　5,000万円

寄与分として
2,000万円は子Aへ

残りの相続財産
3,000万円は
1/3ずつ 子A・B・Cへ

相続人A	相続人B	相続人C
2,000万円	1,000万円	1,000万円
1,000万円		

1-11 特別受益とは 何を指すのか?

● 特別受益は相続財産に加算される

「特別受益」とは、被相続人から生前に多額の援助を受けていた場合の利益のことを言います。

援助には、資金の援助だけでなく、土地や建物、株式などの援助も含まれます。

例えば、長男が住宅を新築するにあたって、被相続人である父から資金の援助を受けていたとしましょう。そうすると、長男は他の相続人より有利になります。

この場合、遺産分割において、被相続人の財産を法定相続分通りに分割してしまうと、長男だけ有利になってしまいます。そこで、民法では特別受益を認めることとしているのです。

相続人の中に特別受益を受けた人がいる場合には、被相続人の財産に特別受益額を加算したものを相続財産とみなして、法定相続分により分割します。

特別受益を受けた相続人の場合は、そこから特別受益額を差し引いた額が相続財産となるのです。

ちなみに、特別受益額の評価は、生前に贈与があった時の価値ではなく、相続が発生した時の価値で行います。

なお、特別受益額が特別受益を受けた相続人の法定相続分を超えていても、超えている価額を返還する必要はありません。

したがって、法定相続分を超えて特別受益を受けていた相続人は、有利になります。

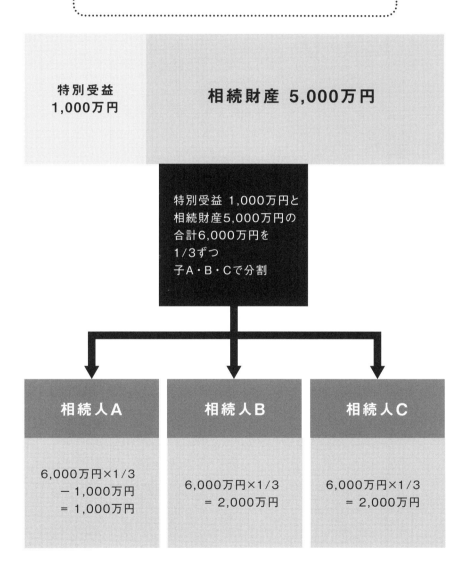

特別受益がある場合の遺産分割の例

相続財産 5,000万円
相続人　子A、子B、子Cの3人
相続財産の他に特別受益として子Aに1,000万円

特別受益 1,000万円	相続財産 5,000万円

特別受益 1,000万円と
相続財産5,000万円の
合計6,000万円を
1/3ずつ
子A・B・Cで分割

相続人A	相続人B	相続人C
6,000万円×1/3 －1,000万円 ＝1,000万円	6,000万円×1/3 ＝2,000万円	6,000万円×1/3 ＝2,000万円

1-12 遺言はどのように遺せばいいのか?

● 遺言の種類は3つ

遺言の種類としては、「自筆証書遺言」「公正証書遺言」「秘密証書遺言」の3種類あります。

遺言を作成することで、相続人は円滑に相続手続きができ、もめないための遺産分割対策になります。

特に、家族関係が複雑な場合、相続人が配偶者と兄弟の場合、世話をしてくれた嫁などにも財産を譲りたい場合には、遺言の作成はぜひ検討してみてください。

公正証書遺言か自筆証書遺言の作成が一般的です。

遺言の種類

	公正証書遺言	自筆証書遺言
メリット	・公文書として強力な効力を持つ ・家庭裁判所の検認手続きが不要 ・死後すぐ遺言内容を実行できる ・原本は公証役場に保管されるため、紛失・変造の心配がない	・手軽でいつでもどこでも書ける ・費用がかからない ・誰にも知られずに作成できる
デメリット	・証人が必要 ・費用がかかる	・形式の不備で無効になりやすい ・紛失や偽造、変造、隠匿の可能性がある ・家庭裁判所の検認手続きが必要

● 自筆証書遺言保管制度でより確実に

　自筆証書遺言は法務局で保管してもらうことができます。**この制度を活用すると、遺言書の紛失、隠匿の防止や存在の把握が容易になります。また、家庭裁判所の検認を受ける必要がなくなります。**

　遺言者は自宅で保管することに比べて、安全性・確実性が高まります。相続人にとっても、速やかに相続手続きができます。

　気をつけなければならないのは、法務局では遺言の内容が適正かまでは確認してくれないことです。民法の要件を満たしていなかったり、内容に誤りがあったりすると無効になります。せっかく預けた遺言書が無効になってしまってはつまらないですね。

　法務局で預ける場合、遺言書の用紙の大きさはA4判の片面で、封のされていないものでなければ預かってもらえません。保管申請をする時は、必ず予約が必要になります。

　この制度を理解して活用できると、低コストで相続準備をすることができるようになっています。

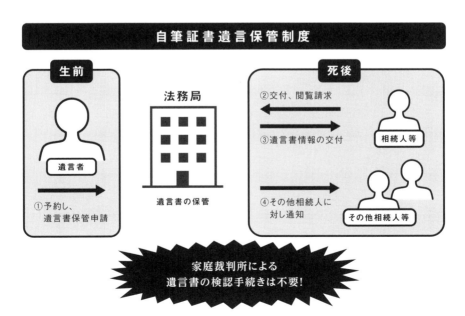

自筆証書遺言保管制度

生前

死後

法務局

②交付、閲覧請求

③遺言書情報の交付

相続人等

遺言者

①予約し、
遺言書保管申請

遺言書の保管

④その他相続人に
対し通知

その他相続人等

家庭裁判所による
遺言書の検認手続きは不要!

1-13 遺言には どんな効力があるのか?

● 遺言は法律行為

遺言とは、死後のことを言い遺すことを言います。一般的には「ゆいごん」と読みますが、法律上は「いごん」と読みます。

遺言は法律上の行為であり、民法で定められています。したがって、民法の規定に従っていない遺言は、遺言としての効力を持ちません。

例えば、「私の死んだ後は、兄弟仲良く助け合うように」という遺言書を書いたとしても、願望を書いただけのことで、法律上は、何の効力もありません。法律上効力がある遺言内容は、下記の通り3つあります。

①**身分に関すること**
②**財産に関すること**
③**相続に関すること**

このように、遺言できる内容は、法律で定められているので、それ以外のことを書いても、法律上は意味がないのです。

しかし、付言事項と言って、なぜそのような分割方法に決めたのかを書き遺したり、「兄弟仲良くしてほしい」とか「生前は世話になってありがとう」といった、遺された家族への想いを書き遺しておくことも大切です。

物質上の財産だけでなく、感謝の気持ちも遺すと、家族としても、気持ちが和らぐのではないでしょうか。

私ども税理士法人 TARGA で、遺言の作成をお手伝いする場合には、付言事項を記載することをおすすめしています。

遺言でできること

身分に関すること

婚外の子を認知することができ、認知された子は相続人となることができます。

相続人を廃除したり、また廃除の取り消しができたりします。

相続人の中に未成年者がいて親権者がいない場合、後見人を指定することができます。

財産に関すること

配偶者が自宅を相続しなくても、遺言者所有の家に住み続ける権利が設定できます。

お世話になった人など相続人以外の人にも財産を遺贈することができます。

社会福祉団体や公的機関や菩提寺などに財産を寄付することができます。

財産を管理・運用してもらうための信託設定をすることができます。

相続に関すること

相続人それぞれに、誰に何の財産を相続させるか指定することができます。

5年間遺産分割を禁止することができます。

生前に行った贈与などは、通常相続分から調整されることになりますが、遺言によってそれを免除することができます。

相続人の遺留分が侵害された場合、遺贈等の負担割合を指定することができます。

遺産分割後にその相続を受けた財産に欠陥があって損害を受けた時、相続人同士はお互いの相続分に応じて保障し合うことが義務となっていますが、その義務を軽減したり加重することができます。

遺言の内容を実際に執行してもらう人を指定することができます。

● 遺言書には遺言執行者の設定を記載する

　遺言したことが実行されるのは、遺言者が死亡した後です。遺言書は書いたけれど、「本当に遺言書通りに実行してもらえるだろうか?」と、不安に思われることでしょう。

　遺言では、遺言事項を実行していく人として、「遺言執行者」を指定することができます。遺言執行者のみで手続きを行える権限があるので、他の相続人が勝手に財産を取得したり、手続きを妨害したりする行為を防ぐことができます。

　遺言執行者は、誰でもなることができます。遺言書通り実行してもらえるか不安な方は、信頼できる人を遺言執行者として指定しておきましょう。

　その場合、必ずしも相続人のうちの誰かを遺言執行者として指定することがよいとは言えません。遺言の内容によっては他の相続人との間に対立が生じる可能性があるからです。信託銀行や弁護士、税理士など第三者の専門家などを指定するケースも多くあります。

● 受遺者が先に死亡した場合は分割協議になる

　遺言書を作成する時には、財産をもらう予定の人が先に死亡してしまった場合も想定をしておくべきです。

　受遺者が死亡している場合の記載がない場合、その遺言内容は無効になります。原則として、死亡した受遺者の相続人は受け取ることはできません。したがって、その受遺者が取得する予定だった財産は、遺産分割協議により相続人が取得することになります。

　受遺者が先に死亡してしまった場合に、その子どもに財産を遺したいという場合は、「受遺者が被相続人より先に死亡した場合には、受遺者の子どもに財産を相続させる」という内容の記載をしておく必要があります。

遺言書

遺言者山田太郎は、この遺言書により次の通り遺言する。

1. 妻 山田花子に次の財産を相続させる。

相続人以外の場合は「遺贈する」と記入します

（1）土地
　　所在　東京都世田谷区松原一丁目
　　地番　○番○
　　地目　宅地
　　地積　178.38㎡

不動産は、登記簿謄本の記載通りに記入します

（2）建物
　　所在　東京都世田谷区松原一丁目○番地○
　　家屋番号　○番○
　　種類　居宅
　　構造　木造瓦葺2階建
　　床面積　1階 76.58㎡　2階 62.25㎡

2. 長男 山田一郎に次の財産を相続させる。

財産の内容が特定できるように詳しく記入します

（1）預貯金
　　○○銀行○○支店の遺言者名義の預貯金の全て

3. 遺言の執行者として、長男山田一郎を指定する。

遺言の内容を実現するため遺言執行者を指定します

付言事項
私の人生は、妻と子どもに恵まれて幸せでした。妻花子の今後の生活のことを
考えてこの遺言書をつくります。一郎にはお母さんのことを大事に、私の死後、
家族仲良く生活していってくれることを願います。

令和○年八月二日
東京都世田谷区松原一丁目○番地○
遺言者 山田太郎　印

名前・印鑑・日付は必須です

1-14 相続人には最低限の保障がある!

● 遺留分の定義

「遺留分」とは、相続人に保障された最低限の権利のことを言います。被相続人は、遺言により、自分の財産を自由に処分することができますが、民法では下記の点を考慮して、遺留分を認めています。

①相続人の生活保障
②財産分配における公平性

　遺留分の割合は、誰が相続人になるかにより決まってきます。まず、相続財産に対する遺留分の合計額を計算し、次に、相続人が複数いる場合には、法定相続分により、各相続人の遺留分を計算します。

　なお、相続人であっても、兄弟姉妹には遺留分はありません。

● 遺留分侵害額請求

　遺言で自分の相続分が侵害されていることがわかった場合は、遺留分侵害額請求をすることにより、自分の遺留分を取り戻すことができます。**遺留分侵害額請求は、遺留分を侵害されたことを知った日から1年以内か、相続があった日から10年以内にしなければなりません。**

● 民法特例

　会社を経営している方においては、事業承継における自社株の分散や遺産分割争いを防止するための制度で、除外合意と固定合意があります。生前贈与株式が遺留分侵害額請求の対象となることを回避したり、贈与を受けた後の後継者の実績部分を遺留分侵害額算定基礎財産から除外したりすることができます。

遺留分の割合

法定相続人	遺留分合計	各相続人の遺留分		
		配偶者	子	父母
配偶者と子	$\dfrac{1}{2}$	$\dfrac{1}{4}$	$\dfrac{1}{4}$	－
子のみ	$\dfrac{1}{2}$	－	$\dfrac{1}{2}$	－
配偶者のみ	$\dfrac{1}{2}$	$\dfrac{1}{2}$	－	－
配偶者と父母	$\dfrac{1}{2}$	$\dfrac{1}{3}$	－	$\dfrac{1}{6}$
父母のみ	$\dfrac{1}{3}$	－	－	$\dfrac{1}{3}$

※各相続人が複数いる場合は頭割りします。兄弟姉妹に遺留分はありません。

計算例

相続財産　8,000万円
相続人　配偶者と子2人（長男と次男）
遺言で「相続財産はすべて長男に相続させる」とあった場合

（1）遺留分の合計額
　　8,000万円×1/2＝4,000万円
（2）各相続人の遺留分
　　配偶者　4,000万円×1/2（法定相続分）＝2,000万円
　　次男　　4,000万円×1/4（法定相続分）＝1,000万円

配偶者の居住権は遺言で守れる!

● 配偶者居住権の設定で争わないための分割対策になる

遺言でできることの一つに、「配偶者居住権」の設定があります。

配偶者居住権は、「配偶者が自宅を相続しなくてもそのまま住み続けられる」という権利です。自宅の所有権は他の相続人が相続しますが、居住権を配偶者に認めるということになります。

夫婦のどちらかが亡くなった後は、遺された配偶者が1人で生活をしていく世帯が増加しています。そうなった時に、安心して生活を送ってもらうためには、住み慣れた自宅でそのまま住み続けられるとともに、今後の生活資金も確保してあげたいと考えることもあると思います。

そのような場合には、遺言に配偶者居住権を設定することによって解決することができます。

例えば、3,000万円の自宅と2,000万円の現金を遺して亡くなられた方がいたとします。相続人は、配偶者と娘1人でした。

配偶者と娘は、同居をしているのですが、親子間の仲があまり良くありません。

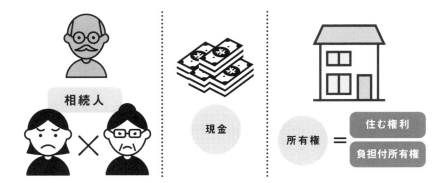

遺産分割方法がお互い納得できず、決まらない状態が続いていました。結果、法定相続分である2分の1ずつ財産を分け合うことになりました。配偶者は住んでいる自宅に住み続けたいと思い、自宅を取得し、娘には現金を分けることにしました。

　ところが、配偶者は現金を引き継ぐことができないため、相続税や不動産登記費用を自らの貯金から負担せざるを得なくなりました。さらに、自宅が法定相続分である2分の1を超えている場合、配偶者は娘から、相続分の残りを現金で請求を受けます。これでは、配偶者にとって、今後の生活資金に不安が残ってしまいます。

　今回のケースで配偶者居住権の設定を行った場合、1,500万円の評価額だったとします。自宅の財産3,000万円は、所有権が1,500万円、配偶者居住権1,500万円に分かれることになります。したがって、配偶者の相続分は、配偶者居住権1,500万円と現金1,000万円。娘の相続分は、自宅1,500万円と現金1,000万円となります。

　これで、被相続人が死んだ後でも、配偶者は安心して生活をすることができるようになります。

◉ 配偶者居住権は登記が必須

　配偶者居住権は、相続が開始した時点で、その自宅に住んでいた配偶者にだけ設定が認められています。そして、**配偶者居住権は、登記をしなければその効力を発揮しません。**

　配偶者居住権を相続することが決まっていても、登記をしないままにしていると、新しい所有者が勝手に売却してしまうかもしれないので注意が必要です。被相続人とその子の共有となっている自宅の場合、配偶者居住権の設定はできません。

◉ 配偶者居住権の効力は建物全体に及ぶ

　配偶者居住権の効力は、対象の建物の全体に及びます。相続の開始前から、建物の一部を店舗や賃貸物件など収益の用に供していた場合、その建物のうち、**居住の用に供している部分のみならず、店舗や賃貸物件といった収益の用に供している部分まで使用及び収益することが認められることになります。**

　例えば、介護施設に入ることになり、居住権を持った自宅に住み続ける必要がなくなった場合、配偶者居住権を放棄することを条件に、建物の所有者から金銭などの支払いを受けることも可能です。

　他にも、第三者に居住建物の使用または収益をさせることができます。使用しなくなった建物を第三者に賃貸し、賃料収入を得て、介護施設に入るための資金を確保することもできます。

◉ 配偶者居住権は配偶者が死亡したら失効する

　配偶者居住権は、配偶者の死亡により消滅します。他の人に住む権利を譲渡することはできません。

　配偶者居住権が消滅した後は、所有権を相続していた人が、その不動産の権利をすべて所有することになります。そうなれば、所有権を持っている人は、その自宅の処分が自由となります。

● 相続税の節税対策にもなる

　配偶者居住権は、配偶者の死亡により消滅します。従って、2次相続で配偶者が死亡した時は、現行法上、配偶者居住権は相続財産に含まれません。1次相続時に負担付所有権を相続した相続人は、通常の評価額より低い価額で自宅が評価されています。

　したがって、**自宅を子どもの世代に低い評価額で相続させることができます。**

　ただし、子どもの世代に自宅を相続させたい時は、小規模宅地等の特例と言って、一定の要件を満たしていると、80％評価額を下げられる特例があります。1次相続が発生する前から家庭の状況を踏まえて、いずれか活用の検討をしてみましょう。

配偶者居住権の登記の必要書類

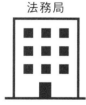

法務局

遺言書または遺産分割協議書
戸籍謄本
印鑑証明書
住民票
登記申請書

配偶者居住権の価額

$$
\text{居住建物の相続税評価額} - \text{居住建物の相続税評価額} \times \frac{\text{耐用年数}-\text{経過年数}-\text{存続年数}}{\text{耐用年数}-\text{経過年数}} \times \text{存続年数に応じた法定利率による複利現価率}
$$

1-16 死んでから成立する 贈与がある！

● 死因贈与の定義

「死因贈与」とは、贈与者の死亡により効力が生ずる贈与です。

死因贈与の特徴は、生前に「あげる人」と「もらう人」の間で契約を交わすことです。生前であれば、贈与者による契約の撤回は可能ですが、贈与者の死後は、契約の撤回ができません。

遺言と同じで、法定相続人以外の人にも遺すことができる制度ですので、特定の人に財産を遺したい場合は有効です。名称は、「死因贈与」ですが、税金上は贈与税がかかるのではなく、相続税の計算対象になります。

したがって、契約時は贈与税の心配をする必要はありませんが、相続税対策にはなりません。逆に、法定相続人以外の人がもらうと相続税は2割上乗せして納めることになっています。

死因贈与を行ったとしても、遺留分の権利は法定相続人にあります。円満に遺産分割が行われるようにするためにも、遺留分もしっかり考慮する必要はあるでしょう。

● 不動産の死因贈与には注意

不動産の死因贈与契約をする場合、税金と登記手続きには注意が必要です。

不動産を取得した時の税金は、登録免許税と不動産取得税の2種類がかかります。どちらも固定資産税評価額に一定の税率を乗じて計算をします。

遺言で受け取る場合と、死因贈与契約で受け取る場合とでは、税率が異なります。

また、**死因贈与契約による不動産登記は、原則、受贈者と相続人全員の承諾が必要です。**

　ただし、契約書を公正証書で作成したり、契約書上で死因贈与執行者の指定をしたり、仮登記をしたりすることでスムーズに登記を進めることができます。

　不動産の死因贈与を行う場合、税金のコストがかかってしまうので、よく検討してから行うようにしましょう。

死 因 贈 与

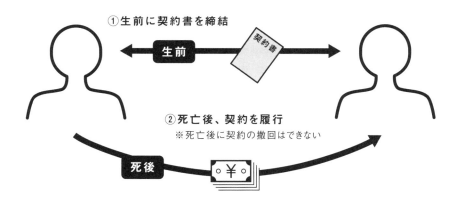

①生前に契約書を締結

生前　契約書

②死亡後、契約を履行
※死亡後に契約の撤回はできない

死後　¥

不動産を取得した時の税率の違い

	死因贈与	遺　　言
不動産取得税	4%	法定相続人　　非課税 法定相続人以外　4%
登録免許税	2%	法定相続人　　0.4% 法定相続人以外　2%

※税額＝固定資産税評価額×税率

1-17 何かをする約束を伴う贈与がある！

● 負担付贈与の定義

「負担付贈与」とは、贈与者が贈与を行う代わりに、受贈者に何らかの負担をさせることを約束する契約です。

　例えば、「預金2,000万円を譲る代わりに、同居して死ぬまで自分の面倒を見てほしい」「土地・建物をあげるから、残りのローンを支払ってくれ」「毎月10万円渡すから、ペットの面倒を見てほしい」などが挙げられます。

● 負担付死因贈与契約書で「もらう人」の権利を守る

　また、「負担付死因贈与」という契約もあります。一般の贈与の次に利用されるケースが多いと思います。

　「私が死んだら預金2,000万円を譲る代わりに、同居して死ぬまで私の面倒を見てほしい」。これが、負担付死因贈与契約です。

　ただし、口頭でこのように約束して、後から死因贈与契約はなかったなんてことになると、相続人間でトラブルになりかねません。

　書面で、贈与資産や負担の内容を具体的に記載しておくことをおすすめします。さらに、贈与契約が遂行されているかを監督する死因贈与執行者を、書面で指定しておくと安心です。

　一度契約をすると、「渡す人」が生きている間でも、「もらう人」が全部または一部義務を果たしていれば、原則、契約を一方的に解除することはできません。

　「死ぬまでお世話をして、契約は無効だった」ということはできません。契約書という形にすることで、両者安心して履行できるようにしましょう。

● 負担付贈与は税金の思わぬ落とし穴に注意

　通常の贈与の場合は、受贈者に税金がかかりますが、負担付贈与の場合には、贈与者に税金がかかることもあります。

「土地・建物をあげるから、残りのローンを支払ってくれ」といった契約を考える場合は注意が必要です。

(1) ローン残高より贈与財産が高い場合

　受贈者は、その取得した財産の価額からその負担したローン価額を控除した価額に対して贈与税がかかります。

(2) ローン残高より贈与財産が低い場合

　贈与者はローンの返済が消滅するという利益を得ます。したがって、その土地・建物をローンの残高で売却したことになり、譲渡所得税と住民税がかかります。

　また、贈与する財産は財産の種類により評価方法が変わります。

　土地や借地権、家屋、構築物などは、その贈与の時における通常の取引価額（時価）となります。

　それ以外の財産は、相続税評価額が採用されます。不動産の負担付贈与を検討する場合には、専門家に相談することをおすすめします。

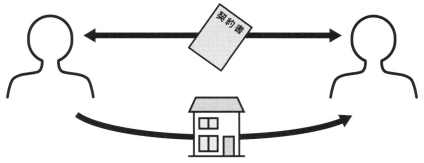

負　担　付　贈　与

贈与を行う代わりに、何らかの負担をさせる契約

第 **2** 章

これならわかる！

相続税と贈与税の仕組み

2-1 相続税と贈与税の概要を知ろう!

● 相続税の定義

　相続税は、亡くなった人が一定額以上の財産を持っていた場合にかかる税金です。相続税は、財産を引き継いだ相続人が、引き継いだ財産の割合に応じて負担します。

　相続税の申告書の提出先は、被相続人の住所地の税務署です。相続人の住所地がどこであろうと関係ありません。

　したがって、相続人の1人が海外に住んでいたとしても、相続人全員が被相続人の住所地の税務署に申告書を提出します。

● 贈与税の定義

　贈与税は、贈与契約により一定額以上の財産を譲り受けた場合にかかる税金です。贈与税は、財産を譲り受けた人が負担することになります。

　また、贈与税は相続税を補完する税金です。相続税は人が死亡した時にかかってきますので、死亡する前に財産を贈与してしまえば、相続税がかからなくなってしまいます。

　そこで、生前贈与によって、相続税が減少しないように、贈与税が設けられているのです。

　贈与税の申告及び納付は、財産を譲り受けた人が行います。財産を譲り渡した人ではありません。贈与税の申告書の提出先は、財産を譲り受けた人の住所地の税務署です。

相続税と贈与税の比較表

	相続税	贈与税
課税原因	被相続人の死亡	贈与契約の締結
申告する人	財産を引き継いだ相続人	財産を譲り受けた人
提出先	被相続人の住所地の税務署	財産を譲り受けた人の住所地の税務署
申告期限	死亡の日の翌日から10ヵ月以内	贈与のあった年の翌年2月1日から3月15日まで
納付期限	死亡の日の翌日から10ヵ月以内	贈与のあった年の翌年2月1日から3月15日まで
対象財産	相続財産	贈与財産
対象金額	死亡した日の時価	贈与した日の時価
最高税率	55%（6億円超）	55%（3,000万円超）
期限後申告・無申告の場合	無申告加算税として5%～20%加算 延滞税として年14.6%加算	
脱税、仮装・隠ぺいの場合	重加算税として35%又は40%加算 延滞税として年14.6%加算	

2-2 財産がいくらあると相続税がかかるのか?

● 基礎控除額を超えると相続税がかかる

「親が亡くなると必ず相続税を払わなければならない」と勘違いしている方がよくいます。相続税は亡くなったすべての方にかかるわけではありません。

相続税は、相続財産の金額が基礎控除額を超えた場合にのみかかるものです。基礎控除額とは、3,000万円＋600万円×法定相続人の数です。

つまり、法定相続人の数によって基礎控除額は変わりますが、相続財産の金額が、3,000万円以下であれば、相続税の心配をする必要は一切ありません。

● 相続税がかかる人は全体の8.3%

なお、国税庁の統計によりますと、令和元年中に亡くなった人のうち、相続税のかかった人の割合は8.3% でした。死亡者数約138万人に対して、相続税がかかった人は約11万5,000人でした。この割合は、ここ数年ほぼ同じ数値になっています。

ただ、あくまで8.3% は全国平均値です。都市部では、地価が高いこともあり、相続税申告の割合は高くなります。参考までに、東京都では、16.3% となっています。

相続税がかかる基準

相続税がかかる場合	相続税がかからない場合
↓	↓
相続財産の金額＞基礎控除額	相続財産の金額≦基礎控除額

基礎控除額＝3,000万円＋600万円
×法定相続人の数

例

相続財産の金額4,500万円

法定相続人　妻、長男、次男の3名とした場合

相続財産の金額＜基礎控除額　4,800万円

↓

したがって、相続税はかかりません。

相続税は こうして計算する!

● 計算の3つのステップ

　被相続人の相続財産が基礎控除額（3,000万円＋600万円×法定相続人の数）を超える場合には、相続税がかかります。

　相続税は、次のステップ1からステップ3の順序に従って計算していきます。

ステップ1　課税遺産総額の計算

　財産を取得した人ごとに相続財産の評価額を計算し、その合計額から基礎控除額を控除します。

ステップ2　相続税の総額の計算

　ステップ1で計算した課税遺産総額を、各相続人が法定相続分通りに取得したものとみなして、相続税の総額を計算します。

ステップ3　各人の相続税の計算

　ステップ2で計算した相続税の総額をもとに、各相続人が実際に取得した財産の割合に応じて、各相続人の相続税を計算します。

　相続税の計算は、最初から相続人ごとに相続税を計算していくわけではありません。

　いったん、すべての相続人が取得した相続財産を合計して、相続税の総額を計算します。

　その後、各相続人が実際に取得した財産の割合に応じて、各相続人の相続税を算出します。

　つまり、誰がどれだけ財産を取得しようが、相続税の総額は変わらないようになっているのです。

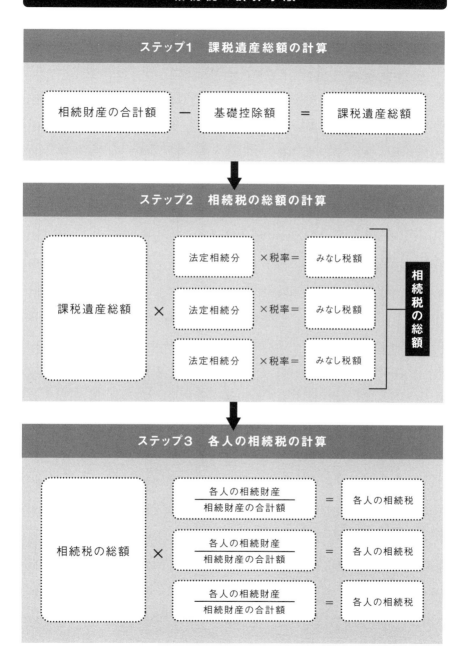

相続税の計算手順

ステップ1　課税遺産総額の計算

相続財産の合計額　−　基礎控除額　＝　課税遺産総額

ステップ2　相続税の総額の計算

課税遺産総額　×

法定相続分　×税率＝　みなし税額

法定相続分　×税率＝　みなし税額

法定相続分　×税率＝　みなし税額

相続税の総額

ステップ3　各人の相続税の計算

相続税の総額　×

$\dfrac{\text{各人の相続財産}}{\text{相続財産の合計額}}$　＝　各人の相続税

$\dfrac{\text{各人の相続財産}}{\text{相続財産の合計額}}$　＝　各人の相続税

$\dfrac{\text{各人の相続財産}}{\text{相続財産の合計額}}$　＝　各人の相続税

相続税額早見表で調べてみよう!

● 配偶者の税額軽減で大きく変わる

　相続が開始したら、いったい、いくら相続税を納めればいいのでしょうか。とりあえず、大まかな税額を知りたいと思っている方もいることでしょう。

　そこで、相続税額早見表を次ページに掲載しました。相続財産額と子の人数がわかれば、大まかな税額が把握できますので、それぞれの数を当てはめて計算してみてください。

　相続税の総額は、相続財産額と相続人の数によって決まります。誰がどれだけ財産を取得しようが、相続税の総額は変わらないようになっているのです。

　ただし、相続人の中に、配偶者がいる場合といない場合では、相続税の総額が大きく変わってきます。相続人の中に配偶者がいて、配偶者の税額軽減を最大限利用した場合は、相続税の総額が大きく減少します。

　この相続税額早見表を参考にする上で、注意していただきたいことがあります。それは、配偶者の税額軽減を最大限利用している点です。配偶者が、法定相続分または、1億6000万円まで相続財産を取得したと仮定しているため、その配偶者が亡くなった時も、相続税がかかる可能性があります。

　したがって、配偶者がいる場合には、配偶者の相続開始時における相続税も合わせて、計算することをおすすめします。

相続税額早見表

配偶者がいる場合（単位：万円）

相続財産額	子1人	子2人	子3人	子4人
1億円	0	0	0	0
1.5億円	0	0	0	0
2億円	668	540	487	450
2.5億円	1,771	1,429	1,296	1,215
3億円	3,229	2,669	2,371	2,193
3.5億円	4,460	3,735	3,290	3,100
4億円	5,460	4,610	4,155	3,850
4.5億円	6,480	5,490	5,030	4,600
5億円	7,605	6,555	5,963	5,500

配偶者がいない場合（単位：万円）

相続財産額	子1人	子2人	子3人	子4人
1億円	1,220	770	630	490
1.5億円	2,860	1,840	1,440	1,240
2億円	4,860	3,340	2,460	2,120
2.5億円	6,930	4,920	3,960	3,120
3億円	9,180	6,920	5,460	4,580
3.5億円	11,500	8,920	6,980	6,080
4億円	14,000	10,920	8,980	7,580
4.5億円	16,500	12,960	10,980	9,080
5億円	19,000	15,210	12,980	11,040

※1　配偶者の税額軽減を最大限利用している
※2　相続財産額は債務・葬式費用控除後とする

2-5 配偶者の税額軽減で 節税ができる！

● 2次相続も考えて配偶者の税額軽減を適用する

　相続が開始した後で、相続税を節税するためには、税額控除を活用する必要があります。

　税額控除の中でも、特に効果が大きいのは、「配偶者の税額軽減」です。

　配偶者の税額軽減を活用すれば、配偶者が取得した相続財産のうち、法定相続分または1億6,000万円までは相続税がかかりません。

　ただし、被相続人の相続財産が多額である場合や、配偶者がもともと多額の財産を所有している場合などは、配偶者の税額軽減を最大限に活用しないほうがいい場合もあります。

　なぜなら、被相続人の相続（1次相続）で配偶者が取得した財産は、配偶者の相続（2次相続）の時に残っていると相続税がかかります。

　例えば、子どもが取得すれば、相続税は1次相続の1回で済みます。しかし、配偶者が取得した場合には、配偶者の相続（2次相続）の時に、もう一度相続税がかかることになるのです。

　したがって、1次相続において、配偶者がどれくらいの財産を取得すればいいのかを決定するためには、2次相続も含めて検討しなければなりません。

　1次相続で、配偶者の税額軽減を最大限活用して、相続税を低く抑えることができても、配偶者の相続（2次相続）で相続税が高くなってしまっては意味がありません。2次相続を含めて考える必要があります。

配偶者の相続取得割合と相続税の関係

計算例

相続財産	3億円
相続人	妻・子A・子Bの3人
妻の固有財産	5,000万円

(単位:万円)

配偶者 取得割合	1次相続税	2次相続税	合計税額
10%	5,148	470	5,618
20%	4,576	960	**5,536**
30%	4,004	1,560	5,564
40%	3,432	2,440	5,872
50%	2,860	3,340	6,200
60%	**2,669**	4,240	6,909

1次相続税は高くてもトータルで有利になる

内縁の配偶者は適用できない!

2-6 相続前3年間の贈与は相続財産になる！

● 「コツコツ末永く」が効果的

相続開始前3年以内に贈与された財産については、相続財産に加算され、相続税がかかります。 この目的は、相続税を補完することです。

例えば、お医者さんから余命を伝えられたとしましょう。このまま自分の財産を遺してしまうと相続人に相続税の負担が発生してしまいます。そこで、相続税の負担を減らすために生前贈与を行って、相続財産を減らしたとします。

このような生前贈与もすべて認めてしまうと、相続税を納める人が少なくなってしまいます。そのため、税負担の不公平感をなくすために、相続開始前3年以内に贈与された財産は、相続財産に加算されることとなっています。

ただし、この制度が適用される人は、相続で財産をもらった人や、遺言で財産をもらった人に限られます。そのため、相続人になっていない孫などが、たくさんの生前贈与を受けていたとしても、相続財産として加算する必要はありません。

この制度のお話をさせていただくと、贈与の時に贈与税を納めて、また相続の時に相続税を納めることになるのか、と疑問を持つ方がいます。

しかし、心配する必要はありません。生前贈与で納めた贈与税は、相続税の一部に充てていきます。ただし、相続税以上に贈与税を納付していたとしても、その贈与税が戻ってくることはありません。

元気で健康で判断能力があるうちに、コツコツ末永く生前贈与をしていくことをおすすめします。

贈与の仕組み

相続開始3年前

相続開始

| 5年前贈与 | 4年前贈与 | 3年前贈与 | 2年前贈与 | 1年前贈与 |

← 加算されない

加算される →

生前贈与は、
「コツコツ末永く」することで、
節税効果が高まる

相続税が2割加算される場合がある!

● 法定相続人以外の相続税

　相続によって財産を取得できる人は、法定相続人だけではありません。亡くなった人が遺言書を遺していれば、法定相続人以外の人でも、財産を取得することができます。相続によって、財産を取得した人は、相続税を負担することになります。

　相続による財産は、通常であれば親から子へ、子から孫へと引き継いでいきます。その都度、相続税を負担しなければなりません。

　ところが、親から孫へと、相続を1回飛ばせば、相続税を1回負担しなくても済むこととなります。これでは、税金の不公平が出てしまいます。

　また、兄弟姉妹などが、財産を取得する場合は、偶然性が高く、その分の税金は、負担できるとみなされます。

　そこで、孫や兄弟姉妹などが、相続財産を取得した場合には、法定相続人が相続財産を取得した場合と比べて、相続税が2割加算されることとなっています。

　相続税が2割加算される人は、配偶者・子・父母・子の代襲相続人以外の人です。

　ここでいう「子」には、亡くなった人と養子縁組している、いわゆる「孫養子」は含まれません。「孫養子」には、相続税が2割加算されます。

　したがって、孫と養子縁組して、相続税の節税対策を行う場合は、相続は1回飛ばすことができても、相続税の2割加算があることを考えなければなりません。

相続税が加算される人・加算されない人の例

加算される人	加算されない人

加算される人

・孫
（子の代襲相続の場合を除く）

・兄弟姉妹

・祖父母

・その他の親族

・第三者など

↓

通常の相続税×1.2

加算されない人

・配偶者

・子

・父母

・子の代襲相続人

↓

通常の相続税

注意

孫養子は2割加算の対象になる!

2-8 いくら贈与すると贈与税がかかるのか?

● 贈与税は1年単位

　税金の相談をしていると、贈与税と相続税の区別がついていない方がいます。贈与税も相続税も、人から財産を取得した場合にかかる税金です。同じように考えてしまうのも無理はありません。

　しかし、贈与税と相続税では、計算方法や税率もまったく違います。相続税がかかるのか、贈与税がかかるのか、その違いを押さえることが大切です。

　ここで簡単に、贈与税と相続税の違いについて確認します。

　相続税は、人が亡くなった場合において、その亡くなった人が、一定額以上の財産を持っているとかかります。つまり、相続税は、死亡という一定時点の財産に対してかかる税金です。

　贈与税は、一定期間に行われた贈与に対して、かかる税金です。贈与税を計算する一定期間とは、その年の1月1日から12月31日までの1年間になります。

　贈与税にも、相続税と同じように、基礎控除額が設けられています。1年間に贈与を受けた財産の金額が、基礎控除額を超えていなければ、贈与税はかかりません。

　基礎控除額は、1年間につき110万円です。したがって、毎年110万円以下の贈与であれば、贈与税の心配をする必要はありません。

　基礎控除額の110万円は、財産を譲り受けた人ごとに判定します。譲り渡した人ごとに判定することはありませんので、注意が必要です。

贈与税の仕組み

贈与税がかかる場合	贈与税がかからない場合

↓

贈与財産の金額＞基礎控除額	贈与財産の金額≦基礎控除額

基礎控除額＝1年間につき110万円

例

同じ年において、長男が父から100万円、母から50万円を譲り受けた場合

譲り受けた財産の金額 ＞ 基礎控除額110万円

（100万円+50万円=150万円）

↓

したがって、贈与税はかかります。

2-9 贈与税は こうして計算する！

● 1月1日から12月31日までの計算

　贈与税の計算は、相続税の計算と違ってそれほど難しくありません。贈与税は、暦年課税と言って、その年の1月1日から12月31日までの1年間に、贈与により受け取った財産に対してかかります。

　贈与税にも、相続税と同じように、基礎控除額があります。その基礎控除額は、1年間につき110万円です。その年の1月1日から12月31日までの1年間に、贈与により受け取った財産の額が、110万円までであれば、贈与税はかかりません。

　贈与税は、その年の1月1日から12月31日までの1年間に、贈与により受け取った財産の額から、110万円を控除した金額に、税率を乗じて計算します。

　贈与税の税率については、次のページの速算表を確認してください。直系尊属から20歳以上の者へ贈与した場合と、それ以外の場合で適用される税率が異なっていますので注意してください。

　贈与税の最高税率は、55％です。相続税の最高税率も、55％です。相続税は、6億円を超えると55％が適用されます。一方で、贈与税は、3,000万円を超えると55％が適用されます。

　安易に贈与をしてしまうと、高額な贈与税がかかってしまうことにもなりかねません。贈与をする時には、注意が必要です。

　また、たとえ贈与により譲り受けた財産であっても、贈与税がかからないものがあります。

　生活費・教育費・香典などといった、社会通念上必要と認められる範囲のものは、「非課税財産」と言って、贈与税の計算対象に含みません。

贈 与 税 の 計 算 式

贈与税額＝（贈与金額－基礎控除額）×税率－控除額

贈 与 税 の 速 算 表

一般贈与財産用（一般税率）

基礎控除後の課税価格		税率	控除額
200万円以下		10%	－
200万円超	300万円以下	15%	10万円
300万円超	400万円以下	20%	25万円
400万円超	600万円以下	30%	65万円
600万円超	1,000万円以下	40%	125万円
1,000万円超	1,500万円以下	45%	175万円
1,500万円超	3,000万円以下	50%	250万円
3,000万円超		55%	400万円

特例贈与財産用（特例税率）

基礎控除後の課税価格		税率	控除額
200万円以下		10%	－
200万円超	400万円以下	15%	10万円
400万円超	600万円以下	20%	30万円
600万円超	1,000万円以下	30%	90万円
1,000万円超	1,500万円以下	40%	190万円
1,500万円超	3,000万円以下	45%	265万円
3,000万円超	4,500万円以下	50%	415万円
4,500万円超		55%	640万円

※直系尊属から20歳以上の者への贈与の場合

2-10 贈与税額早見表で調べてみよう！

● 贈与税率は高い

　贈与税は、相続税を補完する税金です。相続税は、人が亡くなった時にかかってきますので、亡くなる前に財産を贈与してしまえば、相続税がかからなくなってしまいます。

　そこで、生前贈与に対して、贈与税をかけることによって、相続税が減少しないようにしています。そのため、**贈与税の税率は、相続税の税率よりも高く設定されています**。

●「少しずつ・長期間で」が基本

　贈与税の税率は、累進税率です。１年間にもらった財産の合計額が高ければ高いほど、税率も高くなります。

　そのため、1,000万円を１年間で贈与する場合と、200万円ずつ５年間で合計1,000万円を贈与する場合とでは、合計で納める贈与税額が変わってきます。

　例えば、祖父から20歳以上の孫へ1,000万円を１年間で贈与する場合の贈与税額は、177万円×１年＝177万円です。

　一方で、祖父から20歳以上の孫へ200万円ずつ５年間で、合計1,000万円贈与する場合の贈与税額は、９万円×５年間＝45万円です。一目瞭然で後者のほうが有利です。

　このように、贈与税は、累進税率であるため、贈与する場合には、「少しずつ・長期間で」が基本です。そうすれば、節税メリットが出ますので、検討してください。

贈与税額早見表

特例贈与財産用（特例税率）

1年間にもらった額	贈与税額	実質税率
100万円	0円	0%
150万円	4万円	3%
200万円	9万円	5%
250万円	14万円	6%
300万円	19万円	6%
350万円	26万円	7%
400万円	34万円	9%
450万円	41万円	9%
500万円	49万円	10%
600万円	68万円	11%
700万円	88万円	13%
800万円	117万円	15%
900万円	147万円	16%
1,000万円	177万円	18%
1,500万円	366万円	24%
2,000万円	586万円	29%
2,500万円	811万円	32%
3,000万円	1,036万円	35%
4,000万円	1,530万円	38%
5,000万円	2,050万円	41%
1億円	4,800万円	48%

※直系尊属から20歳以上の者への贈与の場合

贈与税がかからない財産がある!

● 社会通念上の生活費は非課税

　贈与税は、原則として贈与を受けた財産のすべてに対してかかります。しかし、中には前述のように、**その財産の性質や目的から見て、贈与税がかからない財産もあります。**

　その中でも代表的で身近にあるのが、扶養義務者からの生活費や教育費などの負担です。

　扶養義務者とは、配偶者、直系血族、兄弟姉妹のことを言います。これらの人以外でも、家庭裁判所の審判により扶養義務者となった三親等内の親族も含まれます。

　生活費は、普通の生活を送るために必要な費用のことです。例えば、大学生の子どもが住んでいる賃貸住宅の家賃を親が負担したとしましょう。社会通念上適当と認められる範囲の家賃であれば、贈与税は課税されません。

　ただし、子どもが自分自身で家賃を負担できる経済力があるのであれば、贈与税の課税対象となります。

　教育費は、教育において通常必要な費用のことです。例えば、学費・教材費・文具費・修学旅行参加費のことで、学校教育にかかる費用に限りません。

　よく数年分まとめて生活費や教育費を贈与される方がいますが、これでは贈与税の課税対象となってしまいます。贈与税の課税対象とならない生活費や教育費は、必要な都度これらの用に充てるために贈与を受けた財産となります。

　生活費や教育費に充てられなかった財産が、預貯金となったり、娯楽費となったりした部分については、贈与税の課税対象となります。

生活費や教育費を贈与する場合は、必要な都度、直接振り込みをすることが必要です。具体的には、孫の大学の学費を、祖父が直接その大学に振り込むことが必要です。

　また、結婚費用や出産費用には、贈与税がかかるのでしょうか。

　結婚式・披露宴の費用の負担は、内容や招待者との関係、人数や慣習などに応じて様々です。それらの事情に応じて負担している場合には、そもそも贈与には当たらないのです。

　これら以外にも贈与税がかからないものがあります。下記の表にまとめましたので、参考にしてください。

贈与税がかからないその他のもの

1	法人からの贈与により取得した財産
2	通常必要とされる生活費又は教育費
3	公益事業用財産（図書館や博物館などの事業において用いられる財産）
4	学術に関する顕著な貢献を表彰する財務大臣指定の金品
5	心身障害者共済制度に基づく給付金の受給権
6	選挙候補者が選挙運動に際し、公職選挙法の適用により取得した金品
7	相続があった年に被相続人から贈与により取得した財産
8	社会通念上必要と認められる香典など
9	障害者の生活の安定を図るために行われる信託契約に基づく財産
10	直系尊属から住宅取得等資金の贈与を受けた場合
11	直系尊属から教育資金の一括贈与を受けた場合
12	直系尊属から結婚・子育て資金の一括贈与を受けた場合

2-12 離婚に伴う財産分与に税金はかかるか?

● もらう側と与える側で課税関係が違う

　不幸にも、離婚をすることになった場合には、それまでの夫婦関係を清算しなければなりません。その清算を経済的価値に置き換えたものが慰謝料と財産分与です。

　では、慰謝料や財産分与に対して税金はかかるのでしょうか。離婚に伴って、慰謝料や財産分与を受けた場合でも、特に税金の心配はありません。

　財産分与のうち、不相当に高額な部分がある場合や脱税を目的とした財産分与でない限り、贈与税はかかりません。

　慰謝料や財産分与を受ける側の税金は心配ありませんが、注意しなければならないのは、財産分与をする側です。

　金銭以外のものを財産分与する場合には、その財産を時価により譲渡したものとみなされて、譲渡益がある場合には譲渡所得税がかかります。

　例外として、居住用財産を財産分与した場合には、「居住用財産を譲渡した場合の3,000万円控除の特例」が適用できます。ただし、この特例が適用できるのは離婚成立後です。離婚成立前に財産分与してしまうと、この特例は適用できないのです。

　財産分与の場合は、財産分与をした人に実際に現金が入ってくるわけではありません。別途、譲渡所得税の納税資金を工面しなければなりません。

　ダブルパンチを食らわないためにも、財産分与は離婚成立後に行うようにしましょう。

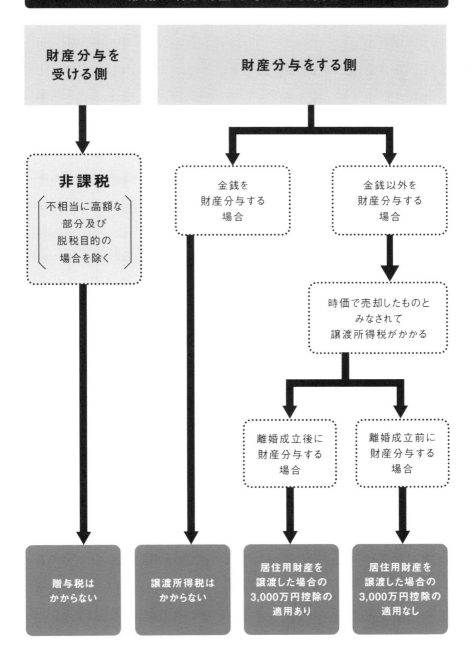

離婚に伴う財産分与の課税関係

財産分与を受ける側

↓

非課税

不相当に高額な
部分及び
脱税目的の
場合を除く

↓

贈与税は
かからない

財産分与をする側

金銭を
財産分与する
場合

↓

譲渡所得税は
かからない

金銭以外を
財産分与する
場合

↓

時価で売却したものと
みなされて
譲渡所得税がかかる

離婚成立後に
財産分与する
場合

↓

居住用財産を
譲渡した場合の
3,000万円控除の
適用あり

離婚成立前に
財産分与する
場合

↓

居住用財産を
譲渡した場合の
3,000万円控除の
適用なし

親にお金を借りる際は注意が必要になる！

● 贈与に注意

　マイホームの取得に伴って頭金が足りないため、いったん親からお金を借りる。

　このようなケースはよくありますが、ご注意ください。「借りたお金は返すつもりだけど、数年経ってお金に余裕ができたから返す」といった、いわゆる「ある時払いの催促なし」ではいけません。贈与税がかかります。

　贈与税がかからないようにするには、「金銭消費貸借契約書」を作成します。記載する内容は、返済期間、返済金額、利息などです。返済期間と返済金額は、返済する人の所得状況から妥当なものでなければなりません。

　返済する人の返済能力を超えてしまっている場合には、実質的に贈与とみなされてしまいます。

　そして、金銭消費貸借契約書を作成した後は、実際に返済をしていきます。

　返済する時は、預金通帳に返済履歴が残るようにしてください。毎月、振込手続きをするのが面倒でしたら、銀行の自動送金手続きを利用してください。一度手続きをしておけば、自動的に引き落としがされますので確実に返済ができ、手間もかからず便利です。

　親からお金を借りる場合のポイントは以下の通りです。

①金銭消費貸借契約書を作成する
②返済能力に見合った返済期日と返済金額を設定する
③実際に返済し、根拠を残しておくこと

印紙

金銭消費貸借契約書

山田太郎を甲とし、山田一郎を乙として、甲乙両当事者は、次のように金銭消費貸借を締結した。

第1条 甲は、乙に対し金○○円を貸し渡し、乙はこれを借り受けた。

第2条 本貸付金の利息は年○%とする。

第3条 乙は元金及び利息を240回に分割して支払う。
　　　　令和○年○月から毎月末日までに、元金及び利息を甲の指定した預金口座に振り込むものとする。

第4条 乙が元金及び利息の支払いを6ヵ月分以上怠ったときは、甲の催告を要せず、乙は、当然期限の利益を失い、乙は、元金及び利息全部を一時に甲に支払わなければならない。

この契約を証するため本契約書2通を作り、各自署名捺印のうえ、甲乙各1通を所持するものとする。

令和○年○月○日

甲 東京都世田谷区松原一丁目○番○号
　　山田太郎 ㊞

乙 東京都世田谷区松原三丁目○番○号
　　山田一郎 ㊞

2-14 国外財産に相続・贈与の課税はあるのか?

● 納税義務者は住所地で判定する

　相続税・贈与税の納税義務があるかどうかは、被相続人・相続人、贈与者・受贈者の住所・国籍・期間によって決まります。

　まず、それぞれの人の住所が国内にあるか国外にあるかによって変わってきます。

　昨今のグローバル化において、外国との間で入出国が盛んに行われています。相続税・贈与税の納税義務者について、課税庁との間で訴訟が多く行われています。

　課税も強化されているので、納税義務者の判定はしっかりと検討することが大切です。

　原則として、相続人や受贈者の住所が日本国内にある場合には、無制限納税義務となって、日本国内にある財産だけでなく、日本国外にある財産も含めて課税されます。

　次に、被相続人・相続人・贈与者・受贈者がそれぞれ過去10年以内に日本国内に住所を持っていたかどうかなどによって、無制限納税義務者になるか、制限納税義務者になるか分かれます。

　制限納税義務者となった場合には、日本国内にある財産にのみ課税され、日本国外にある財産には課税されません。

　無制限納税義務者になるか、制限納税義務者になるかは、次ページの表を参考にしてください。

　国籍と住所は、相続税・贈与税の課税時期を基準とします。住所とは、生活の本拠地とされており、生活の本拠地であるかどうかは、その実態により判断します。

相続税及び贈与税の納税義務

相続人 受贈者 / 被相続人 贈与者	国内に住所あり	国内に住所なし			
		一時居住者（※1）	日本国籍あり		日本国籍なし
			10年以内に住所あり	10年以内に住所なし	
国内に住所あり			国内・国外財産ともに課税		
一時居住被相続人（※1） 一時居住贈与者（※1）					
10年以内に住所あり					
相続税 外国人　／　**贈与税** 短期滞在外国人（※2） 長期滞在外国人（※3）				国内財産 のみに課税	
10年以内に住所なし					

■無制限納税義務者　　□制限納税義務者

※1　出入国管理法別表第1の在留資格で滞在している者で、相続・贈与前15年以内において国内に住所を有していた期間の合計が10年以下の者

※2　出国前15年以内において国内に住所を有していた期間の合計が10年以下の外国人

※3　出国前15年以内において国内に住所を有していた期間の合計が10年超の外国人で出国後2年を経過した者

2-15 相続税と贈与税の ペナルティーは何か?

● 罰金に注意

　相続税・贈与税の申告が期限内に適正にされていなかった場合には、加算税・延滞税といったペナルティーが課されます。

　例えば、故意に脱税をした場合には、本来納めるべき税額にプラスして、重加算税と延滞税を納めなければならず、本来納めるべき税額の2倍近くの負担になることもあります。

　期限までに申告することはもちろん、間違いのないように注意しましょう。

　加算税は、内容によって「過少申告加算税」「無申告加算税」「重加算税」の3つに区分され、それぞれ税率が異なります。

　延滞税は、法定期限までに納付しなかった場合や、修正が生じたことによって追加で納付しなければならない税額がある場合にかかります。いずれの場合においても、本来納めるべきであった期日から実際に納めた日までの日数分を年利で納めることになります。

　割合は区分に応じて下記の通りです。

(1) 納期限の翌日から2月を経過する日まで

　原則として年「7.3％」。

　ただし、平成26年1月1日以後の期間は、年「7.3％」と「特例基準割合＋1％」のいずれか低い割合となります。

(2) 納期限の翌日から2月を経過した日以後

　原則として年「14.6％」。

　ただし、平成26年1月1日以後の期間は、年「14.6％」と「特例基準割合＋7.3％」のいずれか低い割合となります。

加算税の3つの区分と税率表

区分	課税要件	税率
過少申告加算税	期限内申告について、修正申告・更正があった場合	10%又は15%
無申告加算税	①期限後申告・決定があった場合 ②期限後申告・決定について、修正申告・更正があった場合	15%又は20%
重加算税	仮装・隠ぺいがあった場合	35%又は40%

ペナルティーは重い!!

2-16 相続税と贈与税に時効はあるのか?

● 時効が成立しない場合もある

　日本の法律には時効という制度がありますが、贈与税と相続税にも同じように時効が定められています。

　相続税の時効は、申告期限から5年です。贈与税の時効は、相続税より長く、申告期限から6年です。

　贈与税は、贈与の事実を税務署が把握しにくいため、相続税より時効が長くなっているのです。

　また、**「仮装」「隠ぺい」といった悪質な場合には、贈与税も相続税も申告期限から7年が時効となっています。**

　つまり、どんなに悪質な場合でも、申告期限から7年を経過してしまえば、贈与税も相続税も追徴されることはありません。

　ただし、時効が成立しない場合もあります。例えば、「公正証書によって贈与契約書を作り、土地を贈与します。すぐに登記をすると税務署にわかってしまいますので、申告期限から7年経過してから登記をします」という場合、時効が成立するでしょうか。

　残念ながら、時効は成立しません。たしかに、公正証書によって贈与契約書を作ってから7年は経過していますが、そもそも贈与契約自体が成立していないとみなされ、時効は成立しないのです。

　このような浅はかな知恵で脱税しようとしても、後でしっぺ返しを食らいます。くれぐれも、時効を悪用しないようにしましょう。

　そして、贈与税の時効が経過していたとしても、贈与が適正に成立していない場合には、相続財産に含めて相続税申告をするなどの対処が必要となります。

相続税・贈与税の時効

区分	相続税	贈与税
過少申告の場合	申告期限から5年	申告期限から6年
無申告の場合	申告期限から5年	申告期限から6年
仮装・隠ぺいの場合	申告期限から7年	申告期限から7年

相続税の過少申告の場合

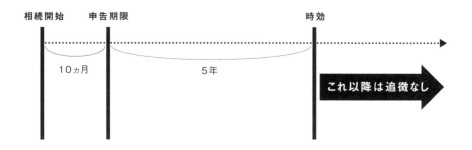

第 **3** 章

これで安心！

生前贈与の
やり方

● 現状分析をすることが大切

　相続対策として、生前贈与が有効であることは多くの方が認識されていることだと思います。でも例えば、「子や孫に渡す財産はいくらまでなら効果的なのか？」「現金で渡せばいいのか？」「不動産を渡せばいいのか？」と、不明確のまま行き当たりばったりで生前贈与してしまうと、かえって支払う税金が多くなったりしてしまう可能性があります。そうならないためにも、**財産状況や問題点の分析を行った上で生前贈与を実行することをおすすめします**。具体的には、下記の手順で行っていくといいでしょう。

手順1　相続財産の調査・評価をする

　相続財産の権利関係や利用状況の把握をし、預貯金や不動産、有価証券などの評価をしていきます。

手順2　相続税の試算・将来の予測

　評価した相続財産に対する相続税額を計算します。その上で、贈与税の実質負担率と相続税の実質負担率を比べ、いくらまでなら生前贈与したほうが有利になるのか検討していきます。

手順3　問題点の抽出

「相続財産の中に評価額が高いものはないか？」「資産運用が非効率なものはないか？」「相続税の納税資金はあるか？」など、財産状況を把握したからこそ見えてくる問題点をピックアップしていきます。

手順4　対応策の検討・実行

　相続対策として効率的な生前贈与をすることはもちろんですが、納税資金の確保対策や資産運用効率化対策なども確認し、バランスの良い対策を計画・検証した上で相続対策の実行をしていきましょう。

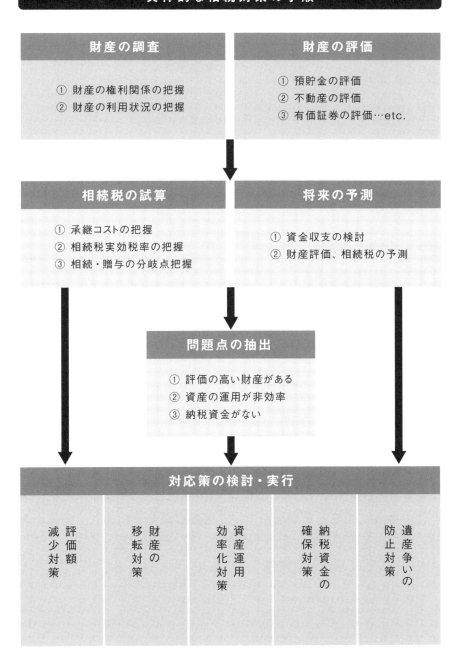

具体的な相続対策の手順

財産の調査
① 財産の権利関係の把握
② 財産の利用状況の把握

財産の評価
① 預貯金の評価
② 不動産の評価
③ 有価証券の評価…etc.

相続税の試算
① 承継コストの把握
② 相続税実効税率の把握
③ 相続・贈与の分岐点把握

将来の予測
① 資金収支の検討
② 財産評価、相続税の予測

問題点の抽出
① 評価の高い財産がある
② 資産の運用が非効率
③ 納税資金がない

対応策の検討・実行

評価額減少対策

財産の移転対策

資産運用効率化対策

納税資金の確保対策

遺産争いの防止対策

3-2 民法と相続税法の違いを押さえよう!

● まずは民法から

相続税法は民法の規定が根幹にあるため、まずは民法の規定から理解する必要があります。

次に、税金の公平性を確保するために定められている相続税法を理解するのが正しい順番です。その上で、民法と相続税法の相違点を押さえておくことが大切です。

● 民法と相続税法の相違点

では、民法と相続税法の相違点はどのようなものがあるのか見ていきましょう。

まず代表的なものとして「養子の数」が挙げられます。

民法では養子縁組の上限は原則として設けられていませんが、相続税法では相続税の計算上、実子がいる場合は1人まで、実子がいない場合には2人までしか「養子の数」を認めていません。

次に、「相続財産の範囲」が挙げられます。

例えば、生命保険金について、民法では受取人を指定している場合、相続財産には含めません。しかし、相続税法ではみなし財産として相続財産に含めます。

このように民法と相続税法では、相違点があるため、その違いをしっかり押さえておくことが大切です。

次ページに「民法と相続税法の相違点」をまとめましたので、参考にしてください。

民法と相続税法の主な相違点

	民法	相続税法
養子の数	原則として制限なし	実子がいる場合は1人まで、実子がいない場合は2人まで
生命保険	受取人が指定されている場合には、相続財産とはならない	みなし財産として、相続財産に含まれる
退職金	相続財産とはならない	みなし財産として、相続財産に含まれる
定期金	企業年金などの定期金は、相続財産とはならない	みなし財産として、相続財産に含まれる
生前贈与	特別受益の持ち戻し対象となる贈与の期間に制限はない	被相続人の亡くなる前3年以内の生前贈与に限って相続財産に加算される

3-3 生前贈与には注意すべきことがある！

● 確実に節税するために

　生前贈与による対策を有効に行えば、相続税の節税が可能になります。しかし、生前贈与のやり方を間違ってしまうと、多額の贈与税がかかってしまうことにもなりかねません。そこで、贈与する場合の注意点を整理してみましょう。

　贈与とは、財産を渡す側の「あげます」という意思と、受け取る側の「もらいます」という双方の合意に基づき、無償で財産を与えることを言います。

　その上で、以下の5点に注意しながら、早いうちに生前贈与の計画を立てていくことが必要です。

①少しずつ・長期間が基本
②相続税と贈与税の実質負担率を比較する
③遺産分割の際にトラブルとならないように注意する
④相続開始前3年以内の相続人に対する贈与は、相続財産として加算されることを確認する
⑤贈与の事実を客観的に証明できる資料を残しておく

　死期が近づいてきてから計画を立てても、効果が限られてしまいます。そのため、生前贈与を行う場合には、その節税効果を最大限引き出すようにすることと、税務署に指摘されないようにしておくことの両方を考えなければいけません。

　次ページに「贈与する場合の注意点」をまとめましたので、参考にしてください。

贈与する場合の注意点

注意点	内容
特例を利用する	● 贈与税の配偶者控除を利用する ● 住宅取得資金の非課税制度を利用する ● 教育資金の非課税制度を利用する ● 結婚・子育て資金の非課税制度を利用する ● 相続時精算課税制度を利用する
少しずつ・長期間で	● 1人だけでなく、数人に贈与する ● 基礎控除をフル活用する ● 相続税と贈与税の実質負担率を比較する
贈与財産	● 将来値上がりする可能性のある財産を優先的に贈与する ● 収益が発生する財産を優先的に贈与する ● 登録免許税など、付随費用を考慮する ● 株式などで必要以上に値下がりしているものを贈与する
受贈者	● 子より孫へ贈与する ● 安易に配偶者に贈与しない
証拠資料	● 贈与契約書を作成する ● 贈与税の確定申告をする
連年贈与	● 毎年同じ時期に100万円ずつ10年間にわたって贈与をした場合、1,000万円の贈与を分割で受け取る権利を贈与されたとみなされる可能性がある
その他	● 相続開始前3年以内の相続人に対する贈与は相続財産に加算される ● 贈与された財産は受贈者が管理する

3-4 名義を変えた預金は相続財産になり得る！

● 名義預金には注意

　相続財産の調査をしていると、「名義預金」が出てくることがあります。名義預金とは、形式的には配偶者や子・孫などの名前で預金しているが、収入などから考えれば実質的には親族に名義を借りているに過ぎないものを言います。

　相続財産を確定する場合において、このような名義預金は、名義人の財産なのか、被相続人の財産なのかを判定しなければなりません。名義預金になるかどうかは、以下の4つを参考にして判定します。

①**名義人の収入や財産から見て預金することが可能かどうか**
②**過去の贈与事実を贈与税の申告書などで証明できるかどうか**
③**相続開始前3年以内の贈与かどうか**
④**名義人がその預金を実質的に管理していたかどうか**

　また、「名義人がその預金を実質的に管理していたかどうか」については、次のような事実関係から判定していくことになります。

・**その通帳に使用されている印鑑の所有者は誰か**
・**入出金を行っていた人は誰か**
・**保管場所はどこだったか**

　税務調査が行われると、否認されやすいパターンがあります。専業主婦である妻のへそくりや子や孫名義での定期積立、嫁いだ娘の旧姓のまま放置してある預貯金などが挙げられます。

　また、名義預金を見つけるために、税務調査官が印鑑の印影を取ることもあります。くれぐれも、名義預金には注意してください。

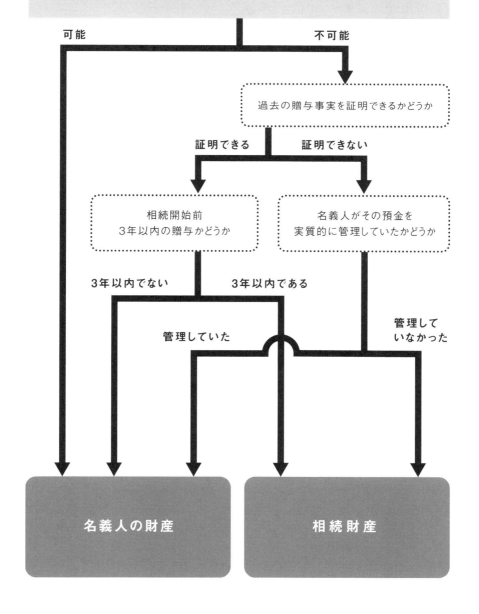

名 義 預 金 の 取 り 扱 い

名義人の収入や財産から見て預金することが可能かどうか

可能 　　　　　　　　　　不可能

過去の贈与事実を証明できるかどうか

証明できる 　　　　　　証明できない

相続開始前
3年以内の贈与かどうか

名義人がその預金を
実質的に管理していたかどうか

3年以内でない 　　　　3年以内である

管理していた 　　　　　　　　　管理して
いなかった

名 義 人 の 財 産

相 続 財 産

3-5 贈与契約書は こうして作る

● 贈与する場合の具体的手順

　贈与における双方の意思表示は、口頭や書面で行います。口約束でも効力は発生します。しかし、書面によらない口約束の場合には、まだ実行されていない部分について、いつでも取り消すことができます。ここが重要です。そのため、**贈与契約書を残しておくことが大切になります**。生前贈与を行う場合の具体的な手順は以下の通りです。

手順1　どの財産を、どれだけ、誰に、贈与するのか決める

　現状分析をしてから、どれだけ贈与すればいいのかを分岐点などを参考に検討します。財産の種類によっては、贈与する時に名義変更などの費用が発生することがあるので、それも考慮します。

手順2　贈与契約書を作成し、贈与者と受贈者が署名押印する

　贈与は双方契約であり、お互いの合意によって契約が成立します。必ず贈与契約書を作成して証拠を残しておきましょう。贈与契約書の作成時期をより明確にしておきたい場合は、公証役場に作成した契約書を持参し「確定日付」を付与してもらえば、その日に契約書が存在していたことの強力な証明になります。

手順3　年間110万円を超える場合には、贈与税の申告をする

　贈与の事実を客観的に証明するためにも、110万円を超えて贈与することも一つの方法です。

手順4　贈与された財産は受贈者が管理する

　贈与された財産であっても、そのまま贈与者が管理しているケースがあります。これでは、贈与が成立しているとは言えません。後日、税務署からの指摘を受けないためにも、贈与された財産は受贈者が管理することが必要です。

贈 与 契 約 書 の サ ン プ ル

贈与契約書

贈与者 山田太郎（以下「甲」という）と 受贈者 山田浩司（以下「乙」という）は
次の通り贈与契約を締結した。

第1条　甲は乙に対し、金2,000,000円を無償で贈与し、◀━━ 財産内容が
　　　　乙はこれを受諾した。　　　　　　　　　　　　　　　わかるように
　　　　　　　　　　　　　　　　　　　　　　　　　　　　　詳しく記入します

第2条　上記第1条に基づき、甲は乙の下記預金口座に
　　　　上記金額を振込むものとする。

　　　　　　振込口座　○○銀行　○○支店 ◀━━ 贈与財産が
　　　　　　　　　普通預金　口座番号○○○○○　　不動産の場合には
　　　　　　　　　　　　　　　　　　　　　　　　　　登記簿謄本の記載通りに
　　　　　　　　　　　　　　　　　　　　　　　　　　正確に記入します

この契約の成立を証するため、本契約書2通を作成し、甲乙記名押印のうえ、
それぞれ各1通を保有する。

令和○年○月○日

　　　　　　　　　　　　　　　　　　　　贈与者・受贈者が
　　　　　　　　　　　　　　　　　　　　それぞれ署名押印します

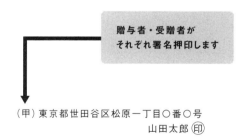

　　　　　（甲）東京都世田谷区松原一丁目○番○号
　　　　　　　　山田太郎 ㊞

　　　　　（乙）東京都世田谷区松原一丁目○番○号
　　　　　　　　山田浩司 ㊞

3-6 未成年の孫への贈与は認められるのか?

● 民法を理解する

　民法では、受贈者の年齢制限を設けていません。しかし、成人に達しない子は、父母の親権に服することになっています。親権を行う者は子の財産を管理し、その財産に関する法律行為について、その子の代理をします。ただし、その子が債務を負う場合には、本人の同意を得なければなりません。

　つまり、未成年者が父母の許可を得ることなく財産の贈与を受けても、その贈与された現預金や不動産の所有権を得ることができません。ただし、以下の場合は、法的な行為が認められて、所有権を得ることができます。

①親権者の同意があること
②未成年者が結婚していること

　これを踏まえ、未成年者へ贈与するには下記の点に注意しましょう。

①現金を手渡しすることは避け、未成年者の預金口座を作って、その通帳に入金するようにしましょう。
②未成年の子が、親から単純に預金などの贈与を受ける場合は、未成年の子は損にならないので特別代理人を立てなくても贈与は成立することになります。
③子が成人になった時に、未成年の時期に贈与を受けた預金などを自分のものと認めれば、その預金は当然に子のものとなります。未成年期間中にもらった預金などは、成人になった時点で子や孫に認識させることが大切です。

④認識させた事実関係を証拠として残すために、「取引銀行」「届出の印鑑」「通帳などの保管者や場所」の管理状況を変えておくのも一つの方法です。

⑤子や孫が未成年者の場合、両親が特別代理人として、通帳と銀行印を管理します。贈与契約書には、子や孫の署名押印に加えて、親権者も署名押印をしましょう。

以上のことから未成年の孫に贈与する場合は、「いつ・誰に・何を」贈与したかを、きちんと記録しておくことが大切です。

未成年の孫へ贈与する際の手順例

1 双方の意思確認
孫は未成年者のため、親権者が代理で法律行為を行う

2 贈与契約書の作成・孫名義の通帳の作成
贈与契約書には、あげる人・未成年者・親権者が署名押印をする

3 孫名義の通帳へ入金し、親権者が印鑑や通帳を管理する

4 贈与額が110万円を超える場合、
親権者が、孫の名前で贈与税申告をする

5 孫が成人した時に、通帳や印鑑を本人に管理させる

3-7 孫への贈与は どれだけ有利なのか?

● 孫は生前贈与加算制度の対象外

　孫へ贈与する最大のメリットは、相続税の「生前贈与加算制度」の対象外となるところです。生前贈与加算制度とは、相続や遺贈により財産を取得した者が、被相続人からその相続開始前3年以内に贈与を受けた財産がある場合、贈与を受けた時の評価額を相続財産に加算しなければならないという制度です。

　ポイントは、相続や遺贈で財産を取得した人が対象となるところです。つまり、孫が相続や遺贈により財産を取得しない場合、この制度の対象外となります。さらに、世代を1世代飛ばすことにより相続税の負担も1回飛ばすことができるのです。

　それでは、孫へ生前贈与をするとどれくらい有利になるのか、具体例で確認してみましょう。

親 族 関 係 図

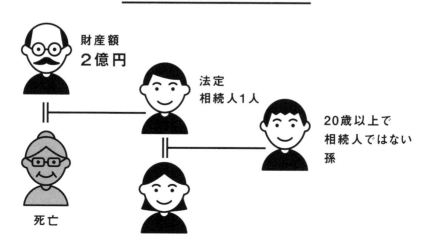

財産額 2億円

法定相続人1人

20歳以上で相続人ではない孫

死亡

◉ 5年間何も対策をせずに死亡した場合

●相続税の計算

20,000万円－基礎控除額3,600万円＝16,400万円

16,400万円×法定相続分で按分1／1×税率40％－1,700万円

☆相続税額　4,860万円

◉ 法定相続人に毎年1,500万円の贈与を5年間して死亡した場合

●毎年の贈与税の計算

（1,500万円－基礎控除額110万円）×税率40％－控除額190万円

　＝366万円×５年間＝1,830万円

●対策に基づく相続税の計算（贈与３回分が持ち戻しになると仮定）

12,500万円＋生前贈与加算分4,500万円－基礎控除額3,600万円

　＝13,400万円×法定相続分で按分1／1×税率40％－1,700万円

　＝3,660万円－相続開始前３年以内の贈与に対する贈与税額1,098万円

　＝2,562万円

☆相続税額と贈与税額の合計　4,392万円

◉ 孫に毎年1,500万円の贈与を5年間して死亡した場合

●毎年の贈与税の計算

５年間で1,830万円（上記計算と同じ）

●対策に基づく相続税の計算

12,500万円－基礎控除額3,600万円＝8,900万円

8,900万円×法定相続分で按分1／1×税率30％－700万円

　＝1,970万円

☆相続税額と贈与税額の合計　3,800万円

　このように、子ではなく、孫に生前贈与を行うことにより、相続税
額と贈与税額の合計が592万円少なく済みます。

3-8 認知症の父から受けた贈与は大丈夫か?

● 贈与はあげる人ともらう人の意思表示が必要

　贈与者が「あげるよ」という意思表示ができない状態である場合、その贈与は無効となります。

　例えば、司法書士が不動産の贈与登記を行う場合、司法書士が本人確認と意思確認をします。贈与契約書に署名押印があったとしても、贈与者に判断能力がない場合には、司法書士は登記手続きをすることができません。

　ただし、父の認知症が軽度で、贈与する意思表示がはっきり示せる状態であれば生前贈与をすることは可能です。

　一方で、贈与者に判断能力があるかないかの判断を一般人が行うことは難しいものです。そのため、生前贈与を考えている場合は、主治医の先生などに相談して意見を聞いてみることをおすすめします。「問題ない」と判断された場合でも、後からトラブルにならないようカルテにその旨を記録しておいてもらうと安心できるでしょう。

　また、意思表示ができないと自身の財産の管理や契約の締結などの法律行為を行うことも困難になります。そこで、判断能力が不十分な人の財産的保護を図る制度として「成年後見人制度」というものがあります。この制度を利用することで、本人に代わって法律行為を行うことができるようになります。

　ただし、本人の財産的保護の側面が強い制度になっているため、生前贈与や資産運用など、本人の財産を減少させる可能性がある行為は、裁判所に認められないために注意が必要です。

　以上のことから、**生前贈与を検討している方は、贈与者の判断能力が低下する前に実行するようにしましょう。**

生前贈与と成年後見人制度

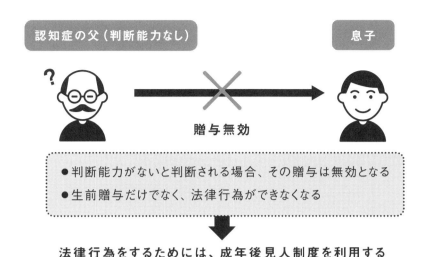

認知症の父（判断能力なし） → 息子

贈与無効

- 判断能力がないと判断される場合、その贈与は無効となる
- 生前贈与だけでなく、法律行為ができなくなる

法律行為をするためには、成年後見人制度を利用する

できること
- 本人の預貯金を管理・解約できる
- 本人名義の居住用不動産を処分できるなど

できないこと
- 本人所有の財産を借りる、贈与する
- 本人に代わって株や債券等を運用するなど

家庭裁判所

選任　報告　選任

監督
報告

保護・支援

成年被後見人（本人）　親族後見人　後見監督人

暦年贈与によって相続財産を圧縮できる!

● 実質負担率で判断する

　将来の相続税を節税するためには、生前贈与による対策が有効です。「相続開始まで時間がある方」や「あげる人が多い方」は、「暦年贈与」を活用することにより、効果的に相続財産総額を圧縮することができます。

　では、そのまま相続を迎えるより、いくらまでなら贈与をしたほうが有利になるでしょうか。

　贈与税の実質負担率と相続税の実質負担率を比べ、贈与税の実質負担率が相続税の実質負担率よりも低ければ、生前に贈与したほうが有利になります。

　贈与税の実質負担率は、贈与税額を贈与金額で除して計算します。次ページの表にまとめましたので、参考にしてください。

　相続税の実質負担率は、将来納める相続税額を、相続財産額で除して計算します。生前贈与をしないで、そのまま相続を迎えた場合にかかってくる相続税と相続財産額を計算します。

　贈与税は、生前の贈与によって、相続税が減少するのを防止するために設けられている税金です。そのため、贈与税の税率は、相続税の税率よりも高く設定されています。

　しかし、相続税の実質負担率より贈与税の実質負担率を低く抑えるように贈与すれば、贈与をするメリットがあります。贈与税と相続税の実質負担率を比較して、贈与金額を決定してください。

　また、数年にわたって生前贈与をする場合には、毎年の贈与によって相続財産が減少する分を加味して、判断する必要があります。

生前贈与の分岐点

相続財産　預貯金6,000万円　土地1億円
相続人　　長男・次男の2人

①相続税の計算
相続財産1億6,000万円－基礎控除4,200万円=1億1,800万円
（1億1,800万円×法定相続分1/2×税率30%
－控除額700万円）×2人=2,140万円

②相続税の実質負担率
2,140万円/1億6,000万円=13.37%

③実質負担率の比較
700万円を贈与した場合の実質負担率は下記の表より 12.5%で、
相続税の実質負担率13.37%より低いため、700万円までであれば
生前に贈与したほうが有利です。

贈与税の実質負担率		
贈与金額	贈与税額	実質負担率
100万円	0円	0%
200万円	9万円	4.5%
300万円	19万円	6.3%
400万円	34万円	8.5%
500万円	49万円	9.8%
600万円	68万円	11.3%
700万円	**88万円**	**12.5%**
800万円	117万円	14.6%
900万円	147万円	16.3%
1000万円	177万円	17.7%

※直系尊属から20歳以上の者への贈与の場合

3-10 上場株式の贈与には タイミングがある！

● 時価が下がった時がチャンス

　上場株式の株価は日々変動します。「○○ショック」などの影響で株式相場全体が下落し、その企業の実力と比べて株価が割安になっている時期があります。贈与するなら、その時がチャンスです。

　所有している上場株式を贈与した場合には、以下の金額のうち一番低い金額に対して贈与税がかかります。

①贈与した日の終値
②贈与した日の属する月の終値の平均
③贈与した日の属する月の前月の終値の平均
④贈与した日の属する月の前々月の終値の平均

　市場において、株価がその企業の実力に比べて安く評価されているが、将来的に上昇すると予測するのであれば、時期を見計らって、贈与する方法もあります。配当がある銘柄であれば、将来における相続税の納税資金に充てることができます。

　また、株式の贈与は、アパートなどの不動産の贈与と違って、登録免許税や不動産取得税などの名義変更に伴う費用が発生しません。現預金の贈与と同じくらい、手続きは簡単です。比較的、手軽に実行できる対策と言えます。

　ただし、将来株価が上がるかどうかは、誰にも確実な予測はできません。株式を贈与したのに、会社の不祥事などで株価が暴落することもあり得ます。

　そういったリスクを避けるためには、1つの銘柄に絞って贈与するより、複数の銘柄に分散して贈与したほうがいいでしょう。

上場株式の評価額計算例

最終価格	最終価格の月平均額		
贈与した日	贈与した日の属する月	贈与した日の属する月の前月	贈与した日の属する月の前々月
4,900円	5,100円	5,200円	5,000円

一番低い金額の4,900円に株式数を乗じた
金額に対して贈与税がかかります。

ここが贈与時期

株価推移表

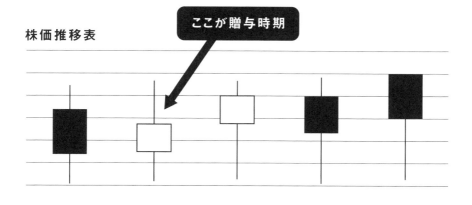

価格が下落した時に
贈与する!

3-11 上場株式の贈与では節税もできる！

● 損失があるものの贈与は子どもの税金対策になる

上場株式などを譲渡したことにより生じた譲渡損失の金額は、確定申告を行うことにより、同年分の上場株式などにかかる配当金などの金額と相殺することができます。

また、上場株式などにかかる譲渡損失の金額については、一定の要件を満たす場合に限り、その譲渡損失の金額が発生した年の翌年以後3年間にわたって、上場株式などにかかる譲渡益の金額及び配当金などの金額から相殺することができます。

これらを踏まえて、上場株式などの取得価額の引き継ぎを利用した節税対策について考えてみましょう。

上場株式などにかかる譲渡益の金額の計算方法は、「譲渡価額−必要経費−取得費−委託手数料等」となっています。

上場株式などを贈与された者が、その上場株式などを譲渡する際に使用する取得価額は、贈与した者の取得価額を引き継ぐこととなります。取得価額より譲渡価額が低い場合、その上場株式などには譲渡損が発生し、譲渡所得税はかからないことになります。それだけでなく、この譲渡損失は他の上場株式などの譲渡益や配当金などの金額と相殺することもできます。

このように、**贈与者が高値で買ったまま塩漬けになっている上場株式などの贈与を受けた後で売却し、他の上場株式などを売却して発生した譲渡益と相殺することによって、贈与を受けた者の税金を抑えることができるのです。**

株式の譲渡損をプレゼントする例

贈与者

Y株2,000株を贈与。過去において高く買っていたため、**取得価額は5,000円×2,000株=1,000万円。**

· ·

株価が下がり、1株2,500円で親から子へ贈与。贈与税負担額は**(2,500円×2,000株)-110万円=390万円**
390万円×15%-10万円=48.5万円

受贈者

子は、もともと保有しているX株を売却し、500万円の利益が生じていた。同じ年に、父親からの贈与で受け取った**Y株2,000株を、1株2,700円で売却。**

· ·

Y株を売却することにより、
(5,000円-2,700円)×2,000株=**460万円の譲渡損**が発生。

他の株式の譲渡益との相殺が可能。

> ● **X株のみを売却した場合の譲渡所得税額**
> 譲渡益500万円×20.315%=**101万円**
> ● **X株に加えてY株も売却した場合の譲渡所得税額**
> 譲渡益(500万円-460万円)×20.315%=**8万円**

101万円-8万円-48.5万円=
44.5万円節税!

3-12 どんな財産を優先的に贈与するといいのか?

● 注目すべき財産は2種類

生前贈与によって相続財産を減少させることは、相続税の節税対策をする上で重要です。

では、どのような財産を優先的に贈与すればいいのでしょうか。優先的に贈与したほうがいい財産は、大きく分けて2つあります。

1つ目は、将来値上がりする可能性のある財産です。例えば、区画整理や大型ショッピングセンターなどの出店が予想される地域にある土地、業績が上がっている同族会社の株式などです。値上がりする前に贈与してしまえば、その分節税メリットが出ます。

2つ目は、収益が発生する財産です。例えば、家賃収入が発生するアパート、配当のある株式などです。収益が発生する財産を贈与すれば、贈与した日以降の収益は贈与を受けた人のものになり、将来における相続税の納税資金にもなります。

親がたくさんのアパートを所有している場合には、所得が分散され、所得税の節税にもなります。

ただし、アパートなどの不動産を贈与する場合には、贈与金額が比較的高額になりがちです。

そこで、贈与金額を調整するために、共有持分の贈与を複数年で行うことがあります。そうすれば、1回あたりの贈与金額を調整することができます。

また、不動産の名義変更をする際は、その都度、登記費用や登録免許税、不動産取得税がかかります。

したがって、これらの費用負担も考慮した上で、どの財産を優先的に贈与するかを考えていかなければなりません。

アパートと自宅の贈与の比較

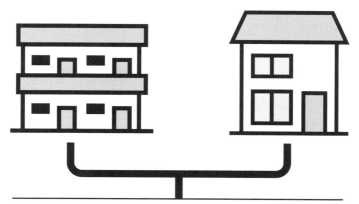

アパート （評価額3,000万円）	自宅 （評価額3,000万円）

評価額が同じため、かかる贈与税も同じ
ただし、アパートの場合には毎年の家賃収入がついてくる

チェックポイント！

メリット

・毎年の家賃収入は、贈与を受けた人のものとなるため、将来における
　納税資金にもなる
・親が不動産を複数所持している場合、所得が分散され、所得税の節
　税となる

デメリット

・不動産の名義変更をする際は、その都度、登記費用や登録免許税、
　不動産取得税がかかる

3-13 赤字会社への贈与には有利になる点がある！

● 同族会社の株価に影響を与える行為には注意

　同族会社に対して贈与を行うことによって、同族会社の株価が増加した場合には、株主がその増加した部分に相当する金額を贈与により取得したとみなされ、贈与税がかかる場合があることに留意しなければなりません。例えば、以下に該当した場合には、それぞれ以下に掲げる者から株主が贈与を受けたものとして取り扱われます。

①会社に対して無償で財産の提供があった場合━━→当該財産を提供した者

②時価より著しく低い価格で現物出資があった場合━━→当該現物出資をした者

③対価を受けないで会社の債務の免除、引き受けまたは弁済があった場合━━→当該財産の免除などをした者

④会社に対して時価より著しく低い価額の対価で財産の譲渡をした場合━━→当該財産の譲渡をした者

　ただし、会社が資力を喪失した場合において、上記①～④に該当する行為を行った場合には、会社が受けた利益に相当する金額のうち、債務超過額に相当する部分の金額については贈与として取り扱われないことになります。

　会社が資力を喪失した場合とは、法令に基づく会社更生や会社の整理などの法定手続きによる整理のほか、再建整備のために負債整理に入っている場合のことを言い、一時的に債務超過となっている場合において、同族会社の株価が増加した時は、贈与税が課税されることがあるため、注意が必要です。

116

● 赤字や債務超過になっている会社に贈与すれば有利か

　赤字や債務超過になっている会社に資金を贈与した場合、贈与者に税金はかかりません。贈与を受ける同族会社は、贈与された額について受贈益を計上しますが、当年度の赤字と一定期間の債務超過額までは利益が出たとしても相殺されるため、法人税は発生しません。

　また、同族会社が株式会社または合同会社の場合には、債務超過になっていても、株価はゼロ以下にはなりません。債務超過額の範囲内で個人資産を会社に贈与し、会社の債務超過を解消しても、株価は変わらずゼロのままですが、個人資産は贈与した分だけ減少しますので、相続税が節税できます。

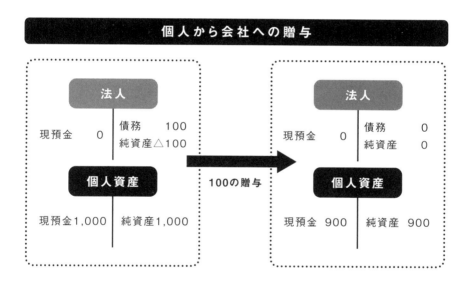

個人から会社への贈与

法人	
現預金　　0	債務　　　100
	純資産△100

個人資産

現預金1,000	純資産1,000

100の贈与

法人	
現預金　　0	債務　　　　0
	純資産　　　0

個人資産

現預金　900	純資産　900

　同族会社に対して安易に贈与を行うと、思わぬところで贈与税が発生してしまう可能性があります。

　しかし、**赤字や債務超過になっている同族会社に贈与することにより、税金を発生させずに同族会社へ事業回復資金を贈与できるだけでなく、個人資産を減少させることもできるため、相続税も節税できる**のです。

3-14 相続直前の贈与は子より孫がよい!

● 相続財産への加算を回避できる

　相続開始直前に財産を贈与してしまえば、相続財産が減少して相続税が節税できると考える方もいると思います。

　しかし、注意してください。相続または遺贈によって財産を取得した者が被相続人から相続開始前3年以内に財産を贈与された場合には、その贈与された財産は相続財産に加算しなければなりません。これでは贈与した意味がなくなってしまいます。

　そこで、**相続直前に財産を贈与する場合には、「子」ではなく「孫」に贈与します。孫は通常、相続人ではありませんので、相続開始前3年以内の贈与であっても、贈与した財産が相続財産に加算されることはありません。**

　ただし、遺言書で孫に財産を渡すことになっている場合や孫を受取人とした死亡保険金がある場合には注意してください。孫が、財産を取得する場合には、相続開始前3年以内に贈与された財産は、相続財産に加算されてしまいます。相続財産に加算されないためには、相続はもちろん、遺言によって財産を取得しないこと及び、死亡保険金の受取人となっていないことが必要です。

　世代を飛ばして孫に贈与すれば、相続財産への加算を回避できるだけでなく、税金の負担を1回飛ばすこともできます。そのため、孫への生前贈与は、相続直前でも実行できる相続税の節税対策の一つと言えます。

　しかし、未成年の孫に贈与をする場合、贈与契約が成立するかどうかという問題が出てきます。後で税務署から指摘を受けないように、注意する必要があります。

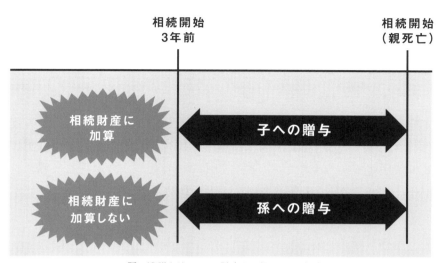

相続開始直前の贈与

相続開始
3年前

相続開始
（親死亡）

相続財産に
加算

子への贈与

相続財産に
加算しない

孫への贈与

※孫は遺贈などによって財産を取得しないと仮定

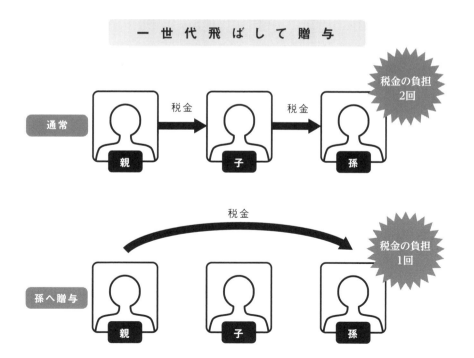

一世代飛ばして贈与

通常

親 → 税金 → 子 → 税金 → 孫

税金の負担
2回

孫へ贈与

税金

親　子　孫

税金の負担
1回

3-15 贈与してはいけない財産とは何か?

● 相続でしか使えない特例がある

　贈与すると不利になる可能性のある財産には、土地が該当します。土地については、一定の条件を満たせば「小規模宅地等の特例」で相続税評価額を減額することができます。例えば、被相続人が居住用として使用していた土地を、一緒に住んでいた相続人が取得した場合、330㎡までの部分の土地評価額を80％減額できます。

　小規模宅地等の特例が適用される土地を生前に贈与してしまったら、この有利な評価減の適用ができなくなってしまいます。

　また、小規模宅地等の評価減の特例は、「居住用の宅地」だけでなく、「事業用の宅地」にも適用されます。例えば、被相続人が不動産貸付業を行っている場合、200㎡までの部分の土地評価額を50％減額できます。個人事業や同族会社の事業用宅地の場合には、400㎡までの部分の土地評価額を80％減額できます。

　小規模宅地等の特例は、生活の基盤である住んでいる土地や事業用に使用している土地に対して、相続税の負担を軽減させることを目的としています。要件を満たせば、一定の面積までなら50％または80％の減額となりますので、有効な相続税の節税対策となります。

　したがって、**小規模宅地等の特例が適用可能な宅地を先に贈与してしまうと、相続開始時には相続財産から外れて評価減の特例を適用できなくなってしまうため、小規模宅地等の特例の適用予定の宅地は、贈与してはいけないことになります。**

　また、小規模宅地等の特例は適用要件が厳しくなっているため、適用要件を満たすかどうかは慎重にチェックする必要があります。

小規模宅地等の特例　〜特定居住用宅地〜

亡くなった人が居住の用に使用していた土地については、
330㎡までの部分の評価を80％減少させることができる制度

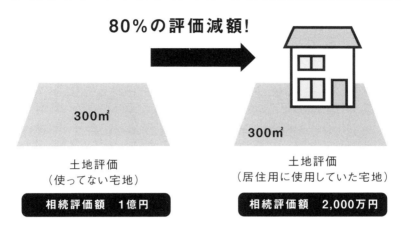

80％の評価減額!

300㎡

土地評価
（使ってない宅地）

相続評価額　1億円

300㎡

土地評価
（居住用に使用していた宅地）

相続評価額　2,000万円

誰が使える?

①配偶者は無条件で特例を使うことができる。

②同居親族が引き続きその建物に居住し、相続税の申告期限まで有していること。

③被相続人に配偶者や同居親族がいない場合の相続人で、相続開始前3年以内に取得者、その配偶者、取得者の三親等内の親族などが所有する家屋に居住したことがないことなど。

この特例は、
贈与時には使えない!

3-16 贈与を決断する際は気持ちも大事にする!

● 実行する前に考えなければならないこと

第3章では、贈与についての基本知識や、贈与を使った節税方法についてお伝えしてきました。

生前贈与はうまく活用すれば、効果的に相続財産を減らすことができます。その他にも「相続の時に家族がお金で困らないように」「特定の子に多く財産を遺したい」「相続トラブルになりそうだから先に渡しておく」など、様々な理由で生前贈与を考えられる方も多いと思います。

ただし、生前贈与を実行する前に考えなければならないのが贈与する方ご自身の「気持ち」です。生前贈与によって、相続税の節税対策をすることも一つの目的ですが、最終的に何をしたいのかを慎重に考える必要もあると思います。

おそらくは「孫の喜ぶ顔が見たい」「遺された家族が困らないように」「家族が安心して仲良く暮らせるように」との思いで相続対策をするのではないでしょうか。

贈与をした結果「特定の子に贈与をしすぎて、後々もめた」「自身の生活が不安になってしまった」となってしまっては、意味がなくなってしまいます。

これから生前贈与を考えている方は、相続税の節税対策だけが目的となってしまわないように、贈与する自分の気持ちや、もらう側の状況や気持ちも大切にしましょう。様々な「想い」を天秤にかけて、家族みんなが幸せになる贈与をイメージできた時が、生前贈与を決断するタイミングなのかもしれません。そのタイミングの時に、この章でお伝えしてきたことが少しでもお役に立てれば幸いです。

渡した財産を
大切にしてくれるか?

老後の生活資金

相続税対策

家族関係は
大丈夫か?

生前贈与を受ける
家族の気持ちは?

何を天秤に
かけよう?

第 4 章

ここが決め手！

得する
贈与の特例
あれこれ

4-1 贈与税の配偶者控除の活用を考えよう！

● 2,110万円まで控除される

　長年連れ添った配偶者に、自宅を贈与した場合には、**2,000万円までは非課税**とされます。基礎控除額110万円と合わせると**2,110万円までは贈与税がかかりません**。

　この特例を「贈与税の配偶者控除」と言います。

　贈与税の配偶者控除の適用を受けるためには、以下の①〜⑤のすべての要件を満たしている必要があります。

①**婚姻期間が20年以上であること**
②**住宅または住宅を取得するための金銭の贈与であること**
③**翌年3月15日までに居住し、その後も引き続き居住すること**
④**同じ夫婦間で、この特例の適用を受けたことがないこと**
⑤**戸籍謄本など一定の書類を添付して、申告すること**

　また、相続人に対する相続開始前3年以内の贈与財産は、相続財産に加算されることになっていますが、この特例を受けた贈与は、相続開始前3年以内の贈与であっても、相続財産に加算されません。

　ただし、もともと配偶者が財産を多く所有している場合には、贈与によって配偶者の財産が増加してしまいます。そうなると、配偶者の相続の時に、相続税が増加してしまいます。

　したがって、配偶者の年齢にもよりますが、配偶者の相続の時に納めることになる相続税を算定した上で、配偶者に自宅を贈与するかどうか、決めなければなりません。

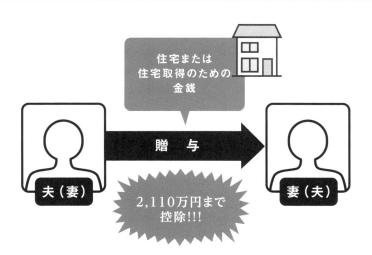

贈与税の配偶者控除

住宅または
住宅取得のための
金銭

夫（妻）　　贈　与　　妻（夫）

2,110万円まで
控除!!!

配偶者控除を受けるための要件

① 婚姻期間が20年以上であること

② 住宅または住宅を取得するための金銭の贈与であること

③ 翌年3月15日までに居住し、その後も引き続き居住すること

④ 同じ夫婦間で、この特例の適用を受けたことがないこと

⑤ 戸籍謄本など一定の書類を添付して、申告すること

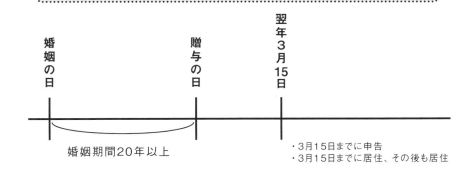

婚姻の日

贈与の日

翌年3月15日

婚姻期間20年以上

・3月15日までに申告
・3月15日までに居住、その後も居住

4-2 贈与税の配偶者控除は有利なだけではない！

● 必ず節税につながるとは限らない

　贈与税の配偶者控除は、相続税の節税対策の一つの手段です。では、生前に贈与税の配偶者控除を利用して、自宅を配偶者に贈与すれば、必ず相続税の節税につながるのでしょうか。

　答えはNOです。例えば、将来、贈与した本人が死亡した場合において、相続財産が相続税の基礎控除額（3,000万円＋600万円×法定相続人の数）以下の時は、相続税がかかりません。

　相続税の節税が目的であれば、そもそも相続税がかからないわけですから、わざわざ生前に配偶者に自宅を贈与する必要はないことになります。

　ただし、相続によって争いが起こるかもしれない場合において、生前に配偶者に自宅を譲っておきたいという事情があれば、贈与税の配偶者控除を利用することを検討すべきです。

　また、自宅の土地や建物の名義変更をするには、不動産取得税、登録免許税、登記手数料がかかります。

　このうち、不動産取得税は相続で取得した場合にはかかりませんが、贈与で取得した場合にはかかります。登録免許税は、相続の場合には固定資産税評価額の0.4％で済みますが、贈与の場合には固定資産税評価額の2％と高くなります。

　相続税には配偶者の税額軽減という制度があり、配偶者は1億6,000万円まで相続税がかかりません。

　したがって、自宅を贈与しようとする方が、将来亡くなった時に相続税がかからない場合はもちろん、財産額が1億6,000万円以下の場合にも、贈与ではなく相続で配偶者に自宅を渡すほうが有利です。

● 資産家は注意

　もう一つ、贈与税の配偶者控除を利用しても、有利にならないケースがあります。自宅の贈与を受ける配偶者が、財産を多く持っている場合です。

　もともと多くの財産を持っている配偶者が自宅の贈与を受けると、配偶者の財産がさらに増えます。相続税は累進税率なので、配偶者が亡くなった時の相続税が高くなってしまいます。

　相続税の節税対策と思って自宅を配偶者に贈与したが、実は逆効果だったということになってしまいますので、安易に贈与税の配偶者控除を利用しないように注意が必要です。

　しかし、将来自宅を売却する予定がある場合には、贈与をしておくと有利になる場合があります。自宅を売却した場合には、譲渡所得から3,000万円の特別控除を行うことができます。

　贈与税の配偶者控除を利用して不動産を共有名義にしておけば、その不動産を売却した時は、夫婦2名分の特別控除額6,000万円（3,000万円×2名分）を利用することができます。

　3,000万円の特別控除の特例は、土地の場合、家屋とともに譲渡する土地に限られるため、土地建物両方を贈与しておくことが必要になります。

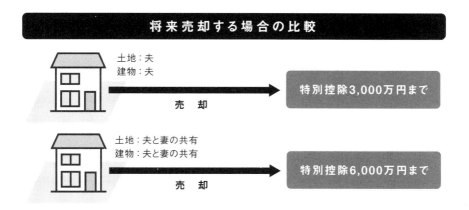

将来売却する場合の比較

土地：夫
建物：夫

売　却

特別控除3,000万円まで

土地：夫と妻の共有
建物：夫と妻の共有

売　却

特別控除6,000万円まで

相続時精算課税制度も選択肢の一つになる!

● 利用は納税者が決める

通常の暦年贈与の場合、1年間に贈与を受けた金額が110万円を超えると贈与税がかかりますが、**生前に2,500万円まで贈与しても贈与税がかからない制度があります。**「相続時精算課税制度」と言います。

相続時精算課税制度は、納税者の選択により利用することができます。この制度を選択すると、贈与をした時点では2,500万円までは贈与税がかかりません。2,500万円を超えた部分は20%の贈与税がかかります。

その後、贈与者が死亡して相続が開始した時には、贈与がなかったものとして、贈与した財産を相続財産に加算して相続税を計算します。既に納めた贈与税は、相続税額から控除します。

相続時精算課税制度は、60歳以上の親または祖父母から20歳以上の子または孫に贈与した場合に選択できます。贈与を受けた子または孫は、贈与者ごとに、この制度の適用を受けるかどうかを選択することができます。

相続時精算課税制度を選択するためには、税務署への届け出が必要です。贈与を受けた年の翌年3月15日までに、「相続時精算課税選択届出書」を提出しなければなりません。

また一度、相続時精算課税制度を選択すると、同じ贈与者からの贈与については、通常の暦年贈与の計算ができなくなります。

相続時精算課税制度を選択すべきかどうかの判断は、ケースによって異なります。相続時精算課税制度のメリットとデメリットを、133ページにまとめましたので、参考にしてください。

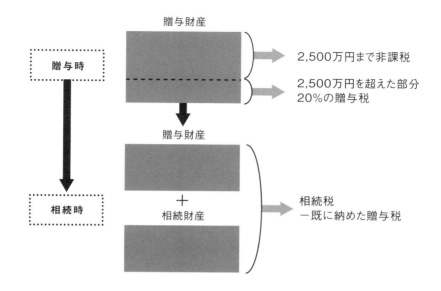

相続時精算課税制度を選択した場合の課税関係

贈与財産

贈与時

→ 2,500万円まで非課税

→ 2,500万円を超えた部分
20%の贈与税

贈与財産

相続時

贈与財産
＋
相続財産

→ 相続税
－既に納めた贈与税

相続時精算課税制度と通常の贈与との比較

項　　　　目	相続時精算課税制度	通常の暦年贈与
贈与税の計算	（贈与価額－2,500万円） ×20%	（贈与価額－110万円） ×累進税率
贈与者	60歳以上	条件なし
受贈者	20歳以上	条件なし
贈与税の精算	贈与時に納付したものを 相続時に精算	贈与時に納付して完了
相続時	贈与財産の加算あり	贈与財産の加算なし

4-4 相続時精算課税制度はデメリットもある!

● 適用は慎重に

相続時精算課税制度は、いったん2,500万円まで無税で財産を贈与することができますが、相続の時には、過去の贈与はなかったものとして精算する制度です。

つまり、相続時精算課税制度を利用して贈与しても、相続財産が減るわけではありません。

それどころか、同じ贈与者からの贈与については、年間110万円の基礎控除額が使えなくなるデメリットもあります。そのため、相続税の節税対策には、あまりおすすめできません。

しかし、まったくおすすめできない制度という訳ではありません。親から子どもへ財産を移転することによって、その資産を有効に活用することができるようになります。

例えば、子どもが住宅を建てる場合に、住宅取得資金を贈与すれば、子どもは住宅ローンを組まなくて済みます。住宅ローンがなければ、借入利息が発生しませんので、その分メリットが出ます。

このように、相続時精算課税制度は、親または祖父母の持つ財産を早いうちに子や孫に移転させて、その財産を消費することによって、経済を活性化させようという意図があります。

自分の目的に合うようであれば、積極的に利用を検討してもいいでしょう。

ただし、**相続時精算課税制度は、一度選択すると変更ができません。**選択して有利になるかどうかは、ケースによって異なります。メリットとデメリットを考慮して、慎重に決めてください。

相続時精算課税制度のメリット・デメリット

メリット	デメリット
・2,500万円まで生前に贈与を受けることができるため、資産を有効活用できる	・一度選択したら、通常の暦年贈与に戻れない
・父と母・祖父母それぞれから2,500万円贈与を受ければ、合計で5,000万円贈与を受けることができる	・110万円の基礎控除が使えなくなる
・贈与された財産が、その後、値上がりしても、贈与時の価額で相続税が計算される	・2,500万円を超えた分は、すべて20%の税率が適用される
・自社株の納税猶予との併用適用もできる	・贈与された財産がその後値下がりしたり、無価値になっても、贈与時の価額で相続税が計算される
・アパートなど収益が発生する場合には、贈与時以降の収益は受贈者のものになる	・贈与された財産は、物納の対象とならない
	・贈与された財産は、小規模宅地等の評価減の特例が適用できない
	・特別受益の問題が残る
	・他の相続人が請求すれば、税務署から贈与の情報が開示される

住宅取得資金の贈与は節税につながる!

● 住宅取得等資金の非課税制度

　マイホームを取得しようと考えている方に、ぜひ使っていただきたい制度があります。「住宅取得等資金の非課税制度」です。

　20歳以上の者が、父・母・祖父母などの直系尊属からマイホーム資金の贈与を受けた場合には、省エネ・耐震性のある住宅、または一般住宅の区分に応じて、一定の金額まで非課税となり、贈与税がかかりません。

　住宅取得等資金の非課税制度は、通常の暦年贈与か、相続時精算課税制度のどちらかを選択することができます。

　通常の暦年贈与を選択すれば、別途110万円の基礎控除額が加算され、相続時精算課税制度を選択すれば、別途2,500万円の特別控除額が加算されます。

　この制度の適用を受けるためには、以下の要件を満たしている必要があります。

①直系尊属からの贈与であること
②贈与を受けた者が20歳以上であること
③贈与を受けた者の合計所得金額が2,000万円以下であること
④翌年3月15日までに居住すること
⑤戸籍謄本など一定の書類を添付して、申告すること

　住宅取得資金の贈与は、祖父母から孫に住宅取得資金の贈与を行うことにより、相続財産を2世代飛ばすことができます。したがって、父・母から子に贈与した場合も十分に節税効果が得られますが、祖父母から孫に贈与した場合、さらに節税効果が上がります。

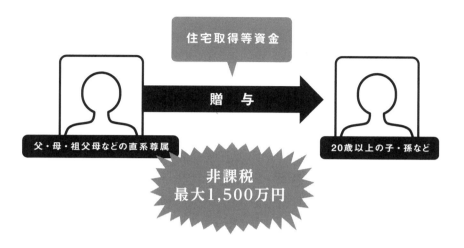

住宅取得等資金の贈与税の非課税

住宅取得等資金

贈　与

父・母・祖父母などの直系尊属

20歳以上の子・孫など

非課税
最大1,500万円

通常の暦年贈与を選択した場合

住宅非課税 ＋ 基礎控除
1,500万円 ＋ 110万円 ＝ 1,610万円

相続時精算課税を選択した場合

住宅非課税 ＋ 相続時精算課税
1,500万円 ＋ 2,500万円 ＝ 4,000万円

※上記金額は令和2年4月1日から令和3年12月31日までになされた
住宅用家屋の新築契約等の場合の上限金額です。

教育資金の一括贈与は将来を考えて行う!

● 1,500万円まで非課税

30歳未満の方が、祖父母などの直系尊属から、教育資金の贈与を受けた場合、1,500万円まで贈与税がかかりません。

教育資金とは、入学金・授業料・学用品の購入費用など、学校に対して支払うものだけでなく、学習塾・スポーツ教室・ピアノ教室など、学校以外に対して支払うものも含まれます。

教育資金の非課税制度の適用を受けるためには、金融機関において教育資金口座の開設を行った上で、教育資金非課税申告書を税務署へ提出する必要があります。

ただし、金融機関において、すべての手続きをすることになりますので、納税者が直接、税務署に提出する書類はありません。

また、扶養義務者間でその都度、教育費に充てるためにされた贈与は、贈与税が非課税とされています。

したがって、教育資金の一括贈与のメリットは「教育資金を一括で贈与しても非課税になる」という点です。

ただし、教育資金の一括贈与をした祖父母などが死亡した場合において、教育資金口座に残高がある時は、受贈者が23歳未満である場合及び学校等に在学している場合を除き、相続財産とみなされて相続税がかかります。

また、教育資金の一括贈与を受けた孫などが30歳に達した場合において、教育資金口座に残高がある場合にも、原則として、その時点で贈与があったものとみなされて、贈与税がかかります。

したがって、将来のことを予測しながら、教育資金として使い切る金額を贈与するようにしましょう。

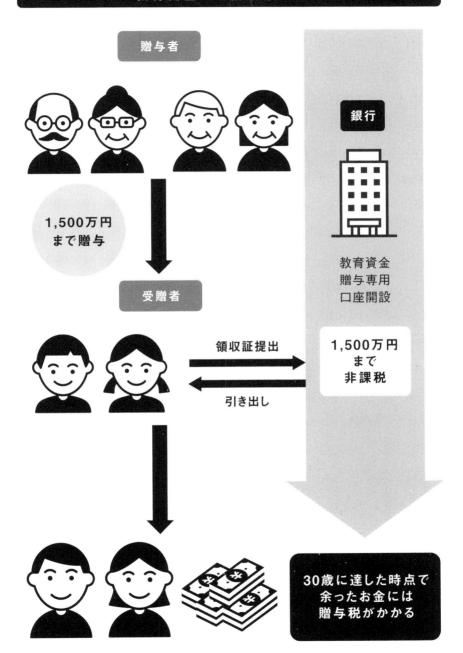

教育資金の一括贈与の流れ

贈与者

1,500万円
まで贈与

受贈者

銀行

教育資金
贈与専用
口座開設

領収証提出

1,500万円
まで
非課税

引き出し

30歳に達した時点で
余ったお金には
贈与税がかかる

4-7 結婚・子育て資金も 一括贈与に効果がある!

●1,000万円まで非課税

　20歳以上50歳未満の方が、祖父母などの直系尊属から結婚・子育て資金の贈与を受けた場合、1,000万円まで贈与税がかかりません。

　結婚資金とは、挙式費用・衣装代などの婚礼費用、家賃・敷金などの新居費用などが含まれます。結婚資金は300万円までが限度となっています。

　子育て資金とは、不妊治療にかかる費用・分娩費用・子どもの医療費・幼稚園や保育所の保育料などが含まれます。

　結婚・子育て資金の非課税制度の適用を受けるためには、金融機関において、結婚・子育て資金口座の開設を行った上で、結婚・子育て資金非課税申告書を税務署へ提出する必要があります。

　ただし、金融機関において、すべての手続きをすることになりますので、納税者が直接、税務署に提出する書類はありません。

　結婚・子育て資金を贈与した祖父母などが死亡した場合において、結婚・子育て資金口座に残高がある場合には、相続財産とみなされて相続税がかかります。

　また、結婚・子育て資金の贈与を受けた孫などが50歳に達した場合において、結婚・子育て資金口座に残高がある場合には、その時点で贈与があったものとみなされて、贈与税がかかります。

　したがって、結婚・子育て資金として使い切る金額を考えて、贈与をするようにしましょう。

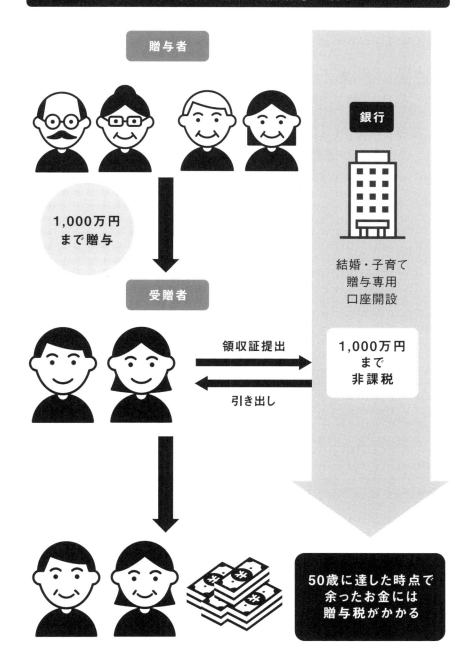

結婚・子育て資金の一括贈与の流れ

贈与者

銀行

1,000万円
まで贈与

結婚・子育て
贈与専用
口座開設

受贈者

領収証提出

1,000万円
まで
非課税

引き出し

50歳に達した時点で
余ったお金には
贈与税がかかる

4−8 農地の贈与税には納税の猶予がある!

● 農業を続けることが要件

　農業を営んでいる人が、農地をその農業を引き継ぐ推定相続人の1人に贈与した場合には、農地の贈与を受けた者が、農業を営んでいる限り、その納税が猶予されます。

　その後、受贈者または贈与者のいずれかが死亡した場合には、その納税が免除されます。

　贈与者が死亡した場合には、贈与税の納税猶予額は免除される一方で、納税猶予の対象となっていた農地を、贈与者から相続したものとみなされて相続税がかかります。

　ただし、引き続き農業を続ける場合には、相続税の納税猶予制度が適用されることになります。

　農地の贈与税の納税猶予の適用を受けるためには、贈与税の申告書に一定の書類を添付して、その申告書を期限内に提出し、担保を提供する必要があります。

　この特例を受けた人は、贈与税の申告期限から3年ごとに、引き続きこの特例の適用を受ける旨及び農業経営に関する事項を記載した継続届出書を提出しなければなりません。

　継続届出書の提出がないと納税猶予は打ち切られ、納税猶予額と利子税を納付しなければなりませんので、注意が必要です。

　また、農地を売却した場合、農業経営をやめてしまった場合にも、納税猶予の全部または一部が打ち切られてしまいます。

　したがって、農地の贈与税の納税猶予を利用する場合には、将来のことを予測した上で利用するようにしましょう。

農地の贈与税の納税猶予を受けるための要件

贈与者の要件

1. 農地の贈与の日まで、3年以上引き続き農業を営んでいた個人であること
2. 推定相続人に対して、相続時精算課税を適用する農地の贈与をしたことがないこと

受贈者の要件

1. 贈与者の推定相続人であること
2. 以下の要件のすべてに該当するものとして農業委員会が証明した個人であること

   ①年齢が18歳以上であること
   ②3年以上継続して農業に従事していたこと
   ③贈与を受けた後、その農地で農業経営を行うこと
   ④認定農業者であること

農地の要件

以下の農地について一括で贈与を受けること

   ①農地の全部
   ②採草放牧地の2／3以上の面積のもの
   ③準農地の2／3以上の面積のもの

4-9 非上場株式などにも贈与税の猶予がある!

● 特例措置には期限がある

　非上場会社の後継者が、その会社の代表権を有していた経営者から贈与によりその会社の株式などを取得した場合には、その株式などにかかる贈与税の納税が猶予または免除されます。

　これには「一般措置」と「特例措置」の２つの制度があり、特例措置については、事前の計画策定などや適用制限が設けられていますが、納税猶予の対象となる非上場株式などの制限の撤廃や納税猶予割合の引き上げがされているなどの違いがあります。

　特例措置については、令和９年12月31日までの贈与について適用があり、その概要は次ページの表の通りです。

● 非上場株式等の贈与の納税猶予を受けるための要件

　会社の主な要件としては、風俗業以外の中小企業者で、資産管理会社に該当していないことです。

　資産管理会社とは、有価証券、自ら使用していない不動産、現預金などの資産の保有割合が総資産額の70％以上の会社や、これらの資産からの運用収入が総収入金額の75％以上の会社を言います。

　先代経営者の主な要件としては、過去に会社の代表権を有していた者で、贈与直前において50％を超える議決権数を有し、かつ後継者を除いた者の中で最も多くの議決権数を有していた者を言います。

　後継者の主な要件は、20歳以上（令和４年４月１日以降は18歳以上）で、会社の代表権を有しており、役員就任日から３年以上を経過している者であり、50％を超える議決権数を有していることです。

　先代経営者が死亡した場合には、「非上場株式等の贈与税の納税猶

特例措置と一般措置の適用

	特例措置	一般措置
事前の計画策定など	5年以内の特定承継計画の提出	不要
対象株数	全株式	発行済株式などの総数の3分の2
納税猶予の割合	100%	贈与:100%　相続:80%
承継パターン	複数株主から最大3人の後継者	複数株主から1人の後継者
雇用確保の要件	右記の要件を満たさない場合でも一定の書類の提出により認められる	承継後5年間平均8割の雇用維持が必要
事業継続が困難な場合の免除	あり	なし
相続時精算課税制度の適用	60歳以上の者から20歳以上の者への贈与	60歳以上の者から20歳以上の推定相続人·孫への贈与

予」の適用を受けた非上場株式などは、贈与の時の価額により他の相続財産と合算して相続税を計算します。

　その際に、一定の要件を満たす場合には、「非上場株式等の贈与者が死亡した場合の相続税の納税猶予」の適用を受けることができます。

　相続がいつ発生するかは予測できませんので、確実に特例措置を利用するためには、贈与を前提に考える必要があります。

　事業承継を行う可能性が高い会社にあっては、贈与による非上場株式等の納税猶予を積極的に検討するべきでしょう。

4-10 特定障害者には非課税の決まりがある！

● 最大6,000万円まで非課税

障害者の生活の安定と療養の確保を図るために設けられている制度で、「特定障害者扶養信託契約」というものがあります。**一定の信託契約に基づいて、特定障害者の方のために財産を信託した場合には、それぞれ下記の金額を限度として、贈与税がかかりません。**

①特別障害者　6,000万円
②特別障害者以外の障害者　3,000万円

この制度を利用すれば、障害者の方に定期的に金銭が交付されますので、万一、親などの扶養者が亡くなった場合でも安心です。

主に、信託銀行などで取り扱っていますが、将来必要が生じた時点で交付方法を決めたり、変更したりすることもできます。

税金面で大変有利になるだけでなく、下記のメリットもありますので、親族に障害者の方がいらっしゃるようでしたら、ぜひとも検討してみてください。

・第三者に勝手に財産を使い込んだりされなくなる
・保管場所を忘れたり、盗難にあったりするリスクを回避できる

この適用を受けるためには、財産を信託する際に「障害者非課税信託申告書」を、信託銀行などを通じて税務署に提出することになりますので、納税者が直接税務署に書類を提出する必要はありません。

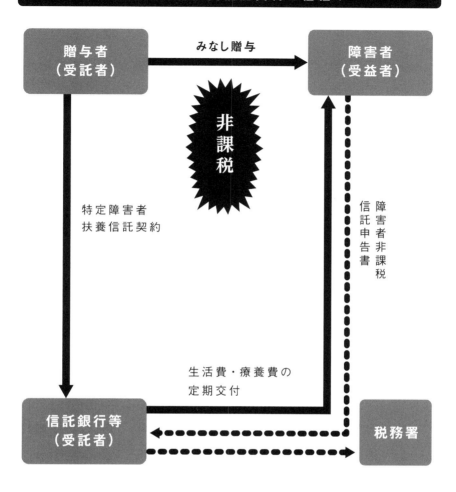

特定障害者扶養信託契約の仕組み

贈与者
（受託者）

みなし贈与

障害者
（受益者）

非課税

特定障害者
扶養信託契約

信託申告書

障害者非課税

生活費・療養費の
定期交付

信託銀行等
（受託者）

税務署

非課税枠

特別障害者　　　　　　　　最大6,000万円
特別障害者以外の障害者　　最大3,000万円

第 5 章

さらに得する！

不動産を
活用した
生前対策

5-1 不動産の贈与にかかる費用を知っておこう!

● 贈与税以外の思いがけない費用がある

現金や金融資産を贈与した時と同じように、不動産を贈与した場合にも贈与税がかかります。しかし、**不動産を贈与した場合には、贈与税だけでなく、その他の付随費用もかかることに注意が必要です。**付随費用とは、登記費用・不動産取得税・贈与契約書の印紙税です。

● 登記費用

不動産の生前贈与は、当事者間の「あげます」「もらいます」の合意で成立し、所有権が移転します。

不動産の登記は義務ではありませんが、**第三者に対して、もらった不動産の権利を主張するためには、登記をすることが必要となります。**登記をしておかないと、不動産を売却することも金融機関などへの借り入れの担保にすることもできません。

不動産の生前贈与を受けた時にする登記のことを「所有権移転登記」と言います。登記には登録免許税がかかります。登録免許税は固定資産税評価額をもとに計算されます。

● 不動産取得税

生前贈与によって不動産を取得した場合には、不動産取得税が課税されます。この不動産取得税は都道府県税のため、都道府県から課税通知が届きます。不動産取得税は固定資産税評価額をもとに計算されます。

なお、相続による取得では不動産取得税は課税されません。

● 贈与契約書の印紙税

不動産の贈与に際し、贈与契約書を作成した場合には、「不動産の譲渡」に該当し、贈与契約書に印紙を貼らなければいけません。

贈与は無償の契約ですので、**契約金額の記載のない契約書として、印紙税額は200円となります。**

不動産贈与契約書に「時価1億円の土地を贈与する」と具体的な金額の記載があった場合も、印紙税額はやはり200円となります。

登録免許税

登録免許税 ＝ 固定資産税評価額 × 税率

登記の種類			本則税率	軽減税率
所有権移転	売買	土地	2%	1.5%（2023年3月31日まで）
		建物	2%	0.3%（2022年3月31日まで） ※住宅用、諸条件あり
	贈与		2%	本則
	相続・遺贈		0.4%	本則
所有権保存			0.4%	0.15%（2022年3月31日まで） ※住宅用、諸条件あり

※諸条件…床面積が50㎡以上、新築または取得後1年以内の登記であることなど

計算例

固定資産税評価額1,000万円の宅地を贈与により取得した場合
（本則税率の場合）
登録免許税 ＝ 1,000万円 × 2% ＝ 20万円

不動産取得税

不動産取得税 ＝ 課税標準 × 税率
                            ①   ②

① 課税標準

		本則税率	軽減税率 （2024年3月31日まで）
土地	宅地等	固定資産税評価額	固定資産税評価額 $\times \dfrac{1}{2}$
	宅地等以外		本則
家屋	原則		
	特例適用住宅	固定資産税評価額 －控除額※	

※取得日と自治体により異なる。100～1,200万円

② 税率

		本則税率	軽減税率 （2024年3月31日まで）
土　地		4%	3%
家屋	住宅		
	住宅以外		本則

計算例

固定資産税評価額1,000万円の宅地を贈与により取得した場合
（本則税率の場合）
不動産取得税 ＝ 1,000万円 × 4% ＝ 40万円

不動産贈与契約書

印紙
200円

住所
贈与者（甲）

住所
受贈者（乙）

甲は乙に対し、無償で下記不動産を贈与し、乙はこれを受諾した。

不動産の表示

　　所在
　　地番
　　地目
　　地積

上記の通り契約が成立したので、これを証するため、本契約書2通を作成し、甲乙署名押印のうえ、各1通を保有するものとする。

　　　　　　　　　　　　　　　　令和　　年　　月　　日

　　　　　　　　　　贈与者（甲）　　　　　　　㊞
　　　　　　　　　　受贈者（乙）　　　　　　　㊞

5-2 土地（宅地）はこうして評価される！

● 土地は地目ごとの評価

　土地は、宅地、田、畑、山林、原野、牧場、沼地、鉱泉地、雑種地に分類され、この地目別に評価します。そして、地目は、登記簿上の地目にかかわらず、課税時期の現況により判定されます。

　例えば、登記簿上の地目が畑となっていても、砕石が敷かれて駐車場用地になっていれば、雑種地と判定されます。

● 宅地の評価方法には2種類ある

　宅地の評価方法には、路線価方式と倍率方式の2種類があります。市街化区域内にある宅地は路線価方式で、市街化区域外にある宅地は倍率方式で評価します。 それぞれ計算の仕方が異なりますので、注意しておきましょう。

(1) 路線価方式

　路線価方式は、路線価にその宅地の面積を乗じて計算します。路線価とは、道路に面する標準的な宅地の1㎡あたりの価額のことです。路線価は、国税庁のホームページで調べることができます。

(2) 倍率方式

　倍率方式は、固定資産税評価額に倍率を乗じて計算します。倍率も同じく、国税庁のホームページで調べることができます。

　ただし、路線価方式も倍率方式も画一的な評価方法です。世の中の宅地は2つと同じものがないくらい様々です。宅地の状況によっては、これらの評価方法によって算出された評価額より、実際の価値のほうが低いことがあります。この場合には、路線価方式や倍率方式によらずに、不動産鑑定士による鑑定評価を利用することも検討しましょう。

宅地の評価方法

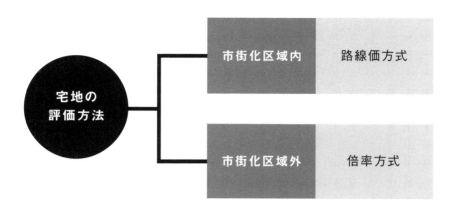

```
            ┌─ 市街化区域内 ┃ 路線価方式
宅地の       │
評価方法 ─┤
            │
            └─ 市街化区域外 ┃ 倍率方式
```

路線価方式

宅地の評価額＝路線価×宅地の面積（㎡）

倍率方式

宅地の評価額＝固定資産税評価額×倍率

● 路線価方式では補正率を加味して評価する

　路線価方式は、路線価にその宅地の面積を乗じて計算すると前述しました。その手順を紹介しましょう。

　まず、国税庁が公表している路線価図を見て、評価しようとする宅地が面している道路の路線価を調べます。次に、調べた路線価に宅地の面積を乗じます。

　ただし、これは整形な宅地が1つの道路に面している場合の評価であり、このような宅地のほうが少ないのが現実です。

　そこで、宅地を評価していく場合には、その宅地の形や接道状況に応じて、以下の補正率を加味して評価していきます。

　それぞれの補正率については、国税庁のホームページで調べることができます。

・奥行価格補正率
・側方路線影響加算率
・二方路線影響加算率
・間口狭小補正率
・奥行長大補正率
・がけ地補正率
・不整形地補正率

　また、宅地が高圧線の下にあったり、騒音や臭気がひどいところにある場合などは、その宅地の周辺の状況に応じて減額評価をする場合もあります。

宅地の評価額が増減されるケース

評価増	・2つ以上の道路に面している ・角地の場合
評価減	・奥行が長すぎる ・奥行が短すぎる ・間口が狭すぎる ・不整形な宅地 ・道路に面していない ・容積率が異なる地域にわたっている ・がけ地 ・著しく高低差のある宅地 ・面積が広い（500㎡以上） ・高圧線の下にある宅地 ・建物の建築に制限がある ・私道の場合 ・土壌が汚染されている ・騒音・日照阻害・臭気がひどいなど

宅地の評価は難しく、
専門家でも苦労する！

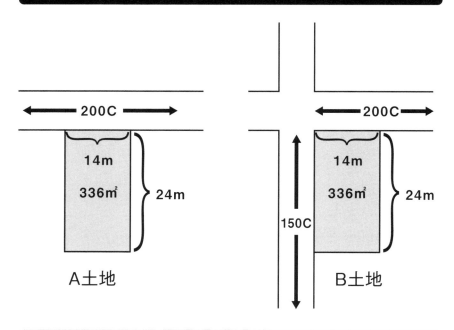

A土地

B土地

[共通条件]　A土地、B土地　共に普通住宅地区

A土地の評価

①200,000円（路線価）×0.97（奥行価格補正率）＝194,000円

②194,000円×336㎡（面積）＝65,184,000円

B土地の評価

①200,000円（路線価）×0.97（奥行価格補正率）＝194,000円

②194,000円＋150,000円（路線価）×1.00（奥行価格補正率）

　×0.03（側方路線影響加算率）＝198,500円

③198,500円×336㎡＝66,696,000円

※2つ以上の道路に面している場合には、一番高い路線価を基準に計算していきます。

路線価図の見方

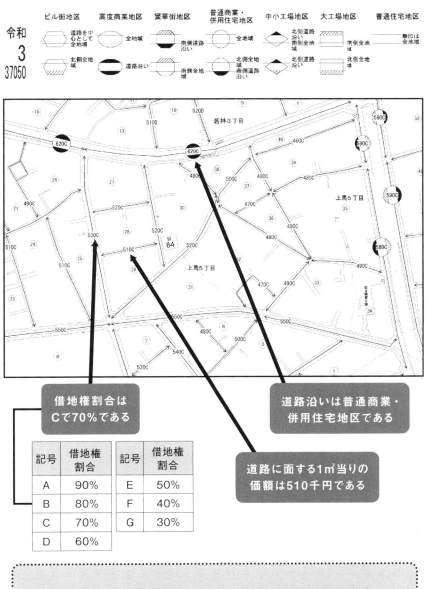

記号	借地権割合	記号	借地権割合
A	90%	E	50%
B	80%	F	40%
C	70%	G	30%
D	60%		

借地権割合はCで70%である

道路沿いは普通商業・併用住宅地区である

道路に面する1㎡当りの価額は510千円である

路線価図は毎年7月初旬にその年の価額が公表されます

奥行価格補正率

奥行距離 m / 地区区分	ビル街	高度商業	繁華街	普通商業・併用住宅	普通住宅	中小工場	大工場
4 未満	0.80	0.90	0.90	0.90	0.90	0.85	0.85
4 以上 6 未満		0.92	0.92	0.92	0.92	0.90	0.90
6 〃 8 〃	0.84	0.94	0.95	0.95	0.95	0.93	0.93
8 〃 10 〃	0.88	0.96	0.97	0.97	0.97	0.95	0.95
10 〃 12 〃	0.90	0.98	0.99	0.99	1.00	0.96	0.96
12 〃 14 〃	0.91	0.99	1.00	1.00		0.97	0.97
14 〃 16 〃	0.92	1.00				0.98	0.98
16 〃 20 〃	0.93					0.99	0.99
20 〃 24 〃	0.94					1.00	1.00
24 〃 28 〃	0.95				0.97		
28 〃 32 〃	0.96		0.98		0.95		
32 〃 36 〃	0.97		0.96	0.97	0.93		
36 〃 40 〃	0.98		0.94	0.95	0.92		
40 〃 44 〃	0.99		0.92	0.93	0.91		
44 〃 48 〃	1.00		0.90	0.91	0.90		
48 〃 52 〃		0.99	0.88	0.89	0.89		
52 〃 56 〃		0.98	0.87	0.88	0.88		
56 〃 60 〃		0.97	0.86	0.87	0.87		
60 〃 64 〃		0.96	0.85	0.86	0.86	0.99	
64 〃 68 〃		0.95	0.84	0.85	0.85	0.98	
68 〃 72 〃		0.94	0.83	0.84	0.84	0.97	
72 〃 76 〃		0.93	0.82	0.83	0.83	0.96	
76 〃 80 〃		0.92	0.81	0.82			
80 〃 84 〃		0.90	0.80	0.81	0.82	0.93	
84 〃 88 〃		0.88		0.80			
88 〃 92 〃		0.86			0.81	0.90	
92 〃 96 〃	0.99	0.84					
96 〃 100 〃	0.97	0.82					
100 〃	0.95	0.80			0.80		

側方路線影響加算率表

地区区分	加算率	
	角地の場合	準角地の場合
ビル街	0.07	0.03
高度商業・繁華街	0.10	0.05
普通商業・併用住宅	0.08	0.04
普通住宅・中小工場	0.03	0.02
大工場	0.02	0.01

準角地とは、下図のように、L字形をした一路線の屈折路の内側に位置するものをいう

準角地

二方路線影響加算率

地区区分	加算率
ビル街	0.03
高度商業・繁華街	0.07
普通商業・併用住宅	0.05
普通住宅・中小工場	0.02
大工場	0.02

奥行長大補正率表

奥行距離/間口距離 \ 地区区分	ビル街	高度商業	繁華街	普通商業・併用住宅	普通住宅	中小工場	大工場
2以上 3未満	1.00	1.00	1.00	1.00	0.98	1.00	1.00
3 〃 4 〃			0.99		0.96	0.99	
4 〃 5 〃			0.98		0.94	0.98	
5 〃 6 〃			0.96		0.92	0.96	
6 〃 7 〃			0.94		0.90	0.94	
7 〃 8 〃			0.92			0.92	
8 〃			0.90			0.90	

間口狭小補正率表

間口距離 m \ 地区区分	ビル街	高度商業	繁華街	普通商業・併用住宅	普通住宅	中小工場	大工場
4未満	−	0.85	0.90	0.90	0.90	0.80	0.80
4以上 6未満	−	0.94	1.00	0.97	0.94	0.85	0.85
6 〃 8 〃	−	0.97		1.00	0.97	0.90	0.90
8 〃 10 〃	0.95	1.00			1.00	0.95	0.95
10 〃 16 〃	0.97					1.00	0.97
16 〃 22 〃	0.98						0.98
22 〃 28 〃	0.99						0.99
28 〃	1.00						1.00

がけ地補正率表

がけ地地積/総地積 \ がけ地の方位	南	東	西	北
0.10以上	0.96	0.95	0.94	0.93
0.20 〃	0.92	0.91	0.90	0.88
0.30 〃	0.88	0.87	0.86	0.83
0.40 〃	0.85	0.84	0.82	0.78
0.50 〃	0.82	0.81	0.78	0.73
0.60 〃	0.79	0.77	0.74	0.68
0.70 〃	0.76	0.74	0.70	0.63
0.80 〃	0.73	0.70	0.66	0.58
0.90 〃	0.70	0.65	0.60	0.53

● 貸している土地の評価

　所有している宅地を、必ずしも自分で使用しているとは限りません。人に貸している場合もあるでしょう。人に貸している宅地のうち、建物所有の目的となっている宅地を「貸宅地」と言います。

　一方、所有している宅地を自分で使用している場合、この宅地のことを「自用地」と言います。

　人に貸した宅地には、「借地権」という権利が発生します。借地権が発生している宅地は、いくら自分の宅地であっても、自由に処分することができません。

　このように、借地権が発生している宅地には、利用に制限があるため、その宅地の評価は減額されます。

　では、貸している宅地の評価はどのようになるのでしょうか。

　貸している宅地の評価は、自用地としての評価額に底地割合（1－借地権割合）を乗じて計算します。要するに、自用地としての評価額から借地権価額を控除した額になるのです。

　借地権割合は、国税庁が公表している路線価図または評価倍率表に記載されています。

　ただし、人に貸している宅地といっても、親が子に貸しているような場合には、地代のやりとりがないのが通常です。このような宅地の貸し借りを「使用貸借」と言います。

　使用貸借によって、宅地を貸している場合には、借地権は発生しません。自用地として評価することになります。したがって、宅地の評価を減額することはできません。

賃宅地の評価

> **貸宅地の評価額＝自用地としての評価額×（1－借地権割合）**
>
> ※借地権割合は路線価図または評価倍率表に記載されている

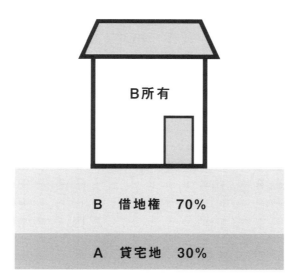

計算例

- ●土地所有者A
- ●建物所有者B
- ●借地権割合70％
- ●自用地としての評価額5,000万円

B所有

B　借地権　70％

A　貸宅地　30％

貸宅地の評価額＝5,000万円×（1－70％）＝1,500万円

建物はこうして評価される!

● 建物の評価は固定資産税評価額

建物は、原則として、1棟の家屋ごとに評価します。その建物の固定資産税評価額に、倍率を乗じて計算します。

倍率は国税庁の路線価図のサイトで毎年公表されていますが、全国どこでも「1.0」です。

● 建築中の場合はどうなるか

建築中の建物には、まだ固定資産税評価額が付されていません。そこで、**課税時期までに建築にかかった費用の70％に相当する金額により評価する**ことになっています。

● 貸家の評価

建物を自分で使用せず、人に貸している場合の貸家の評価はどうでしょうか。**建物を借りている借家人には「借家権」という権利が発生します**。貸している側は、いくら自分の建物であっても、自由に使用する権利が制限されます。

貸家は、所有者が自由に使用できないことを考慮して、評価を下げることになっています。具体的には、**自用家屋の評価額に借家権割合と賃貸割合を乗じた価額を、その自用家屋の評価額から控除して評価します**。

借家権割合は、国税庁のホームページで確認できますが、原則として30％です。賃貸割合は、総面積のうち借家権の目的となっている部分の面積の割合です。

ただし、人に貸しているといっても、親が子に貸しているような場

合には、家賃のやりとりがないのが通常です。このような建物の貸し借りを「使用貸借」と言います。**使用貸借の場合には、借家権は発生しません。自用家屋として評価することになります。**したがって、減額評価することはできません。

　また、借家権が発生しているかどうかは現況で判断します。たとえ以前は貸していた建物であっても、課税時期においては空き家となっている場合は、借家権が発生しているとは言えません。この場合も減額評価することはできません。

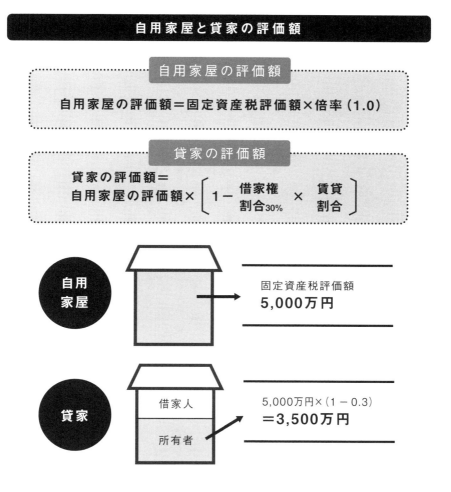

自用家屋と貸家の評価額

自用家屋の評価額

自用家屋の評価額＝固定資産税評価額×倍率（1.0）

貸家の評価額

貸家の評価額＝
自用家屋の評価額× [1 － 借家権割合30% × 賃貸割合]

自用家屋

固定資産税評価額
5,000万円

貸家

借家人
所有者

5,000万円×（1 － 0.3）
＝3,500万円

5-4 賃貸用不動産は名義を揃えるのがよい！

● 貸家建付地の評価

　所有する土地に自己の賃貸用建物が建っている場合、その土地の評価はどうなるでしょうか。**このような土地を「貸家建付地」と言います。その評価は自用地評価額 ×（1－借地権割合×借家権割合×賃貸割合）で計算されます。**

● 土地と建物の名義を揃える

　父の所有する土地に、母や子ども名義の建物が建っている。このような場合、地代のやりとりがないのが通常です。いわゆる使用貸借となるため、その土地は自用地として評価されます。

　こういった場合に、**土地所有者と建物所有者を同一にし、その土地を貸家建付地とすることで、土地の評価を下げることができます。**ただし、移転にかかる費用や移転後の収入についてもよく考えて行う必要があります。

土地所有者（A）から見た土地の種類

建物の所有者	地代の有無	家賃の有無	土地種類
A	－	有	貸家建付地
A	－	無	自用地
B	有	－	貸宅地
B	無	－	自用地

164

貸家建付地の評価額

貸家建付地の評価額＝

自用地の評価額 $\times \left[1 - \frac{借地権}{割合} \times \frac{借家権}{割合} \times \frac{賃貸}{割合} \right]$

土地建物の名義を揃える方法

計算例 自用地としての評価額5,000万円、宅地面積300㎡、
借地権割合70％、借家権割合30％、賃貸割合100％

建物
所有者
B

建物の贈与または譲渡

建物
所有者
A

土地所有者
A

土地所有者
A

自用地評価
5,000万円

貸家建付地評価
$5,000万円 \times \left[1 - 0.7 \times 0.3 \times \frac{300㎡}{300㎡} \right]$
$= 3,950万円$

注意点

- 移転に費用がかかる
- 移転後はAに賃貸収入が入るため、
  金融資産贈与等の検討が必要
- 相続開始までに長期間が予想される場合には、
  同族法人への売却が効果的!!

小規模宅地等の評価減を活用する！[その1]

● 相続税評価の優遇措置

　被相続人または被相続人と生計を一にしていた被相続人の親族（以下、被相続人等）が、居住用または事業用に使っていた宅地は、相続税の計算において優遇措置があります。

　これらの宅地は、相続人にとっても生活の基盤になる大切な財産です。そういった財産にも相続税が満額かかってしまうと、相続人の生活基盤が損なわれることにもなりかねません。そこで、「小規模宅地等の特例」という優遇措置が設けられています。

● 申告が必要

　小規模宅地等の特例による評価減の適用を受けるには、相続税の申告が必要になります。申告期限内に、遺産分割がまとまっていない場合には、原則として適用を受けることができません。

　ただし、例外として、申告期限後3年以内に遺産分割がまとまった場合には、後で適用を受けることができます。

● 贈与では使えない

　小規模宅地等の特例は「相続または遺贈によって取得した財産」のうち、要件を満たした宅地等にのみ適用されます。贈与税の計算には適用できません。

　また、生前贈与があった日から3年以内に贈与者が死亡した場合、その財産は相続税の対象になりますが、この場合も小規模宅地等の特例は適用できません。小規模宅地等の特例の適用要件を満たす宅地については、生前贈与を慎重に検討する必要があります。

● 最大80%の評価減がある

　では、具体的にどのような場合にどれだけの優遇措置が設けられているのでしょうか。

　小規模宅地等の特例による評価減は、その宅地の利用状況により大きく以下の3つに分かれます。

①居住用（住んでいた土地）…………特定居住用宅地等の評価減
②事業用（事業をしていた土地）……特定事業用宅地等の評価減
③貸付用（貸していた土地）…………貸付事業用宅地等の評価減

⑴ 特定居住用宅地等の評価減

　被相続人等の居住用に使われていた宅地を、相続人が相続した場合において、次の（イ）～（ハ）のいずれかに該当する時は、居住用宅地の330㎡までの部分について80%の評価減があります。

（イ）配偶者が相続する場合
（ロ）同居親族が相続し、申告期限まで引き続き居住する場合
（ハ）配偶者も同居親族もいない場合に、相続開始前3年以内に持ち
　　　家のない親族が取得し、申告期限まで引き続き所有する場合

　なお、（ハ）の「持ち家のない親族」は、一般に「家なき子」と呼ばれます。その親族本人の持ち家だけでなく、その親族の配偶者、その親族の3親等内の親族、その親族と特別の関係にある法人の所有家屋に住んでいないことが要件です。

　また、その親族が相続開始時に居住している家屋を、過去に所有したことがないことも要件となります。

⑵ 特定事業用宅地等の評価減

　被相続人等の事業用に使われていた宅地を、相続人が相続した場合において、次の（イ）～（ハ）のすべてに該当する時は、400㎡までの部分について80%の評価減があります。

（イ）相続人が相続税の申告期限まで事業を継続している

（ロ）その宅地の一部または全部を、事業を引き継ぐ親族が取得し、申告期限まで保有するとともに事業を継続する

（ハ）相続開始3年前よりも以前からその土地で事業を営んでいる（ただし、土地の上にある事業用の減価償却資産の価額が、土地価額の15％以上である場合を除く）

　なお、被相続人等の事業が同族会社で行われている場合には、「特定同族会社事業用宅地等の評価減」の適用を検討します。

⑶貸付事業用宅地等の評価減

　貸付事業とは、不動産貸付業・駐車場業・自転車駐輪場業などを言います。

　被相続人等の貸付事業用に使われていた宅地を、相続人が相続した場合において、次の（イ）と（ロ）の両方に該当する時は、200㎡までの部分について50％の評価減があります。

（イ）相続人が相続税の申告期限まで貸付事業を継続している

（ロ）相続開始3年前よりも以前から、その土地で貸付事業を営んでいる

　つまり、相続開始直前に、相続税を減らす目的で賃貸物件を購入しても、（ロ）に該当しないため、減額対象にはできません。

　ただし、被相続人等が、相続開始前3年以上にわたって、事業的規模で不動産賃貸業を営んでいる場合には、3年以内に新たに貸付を始めた宅地についても減額対象となります。

小規模宅地等の評価減一覧

区分	限度面積	減額割合
居住用宅地	330㎡	80%
事業用宅地	400㎡	80%
貸付事業用宅地	200㎡	50%

特定居住用宅地等の要件

取得者	適用要件
配偶者	特になし
同居親族	申告期限まで引き続き居住
同居していなかった親族 〔配偶者及び同居親族がいない場合に限る〕	・相続開始前3年以内に、本人＋配偶者＋3親等内の親族＋特別の関係にある法人の持ち家に居住していない ・申告期限まで引き続き所有 ・相続時に住んでいた家屋を過去に所有したことがない

取得する人によって
適用要件が異なる！

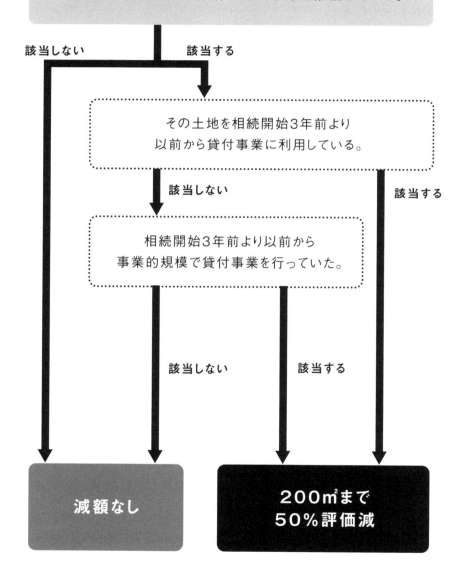

貸付事業用宅地等の要件

貸付事業に利用している土地であり、
相続税申告期限まで保有、及び事業を継続している。

該当しない　　　　該当する

その土地を相続開始3年前より
以前から貸付事業に利用している。

該当しない　　　　　　　　　　該当する

相続開始3年前より以前から
事業的規模で貸付事業を行っていた。

該当しない　　　　該当する

減額なし

200㎡まで
50％評価減

170

5-6 小規模宅地等の評価減を活用する！[その2]

● 減額金額をさらに大きくする方法

　小規模宅地等の特例による減額金額の計算は、簡単にいうと「1㎡あたりの評価額×適用できる面積×80％または50％」によって行います。

　したがって、**面積が同じであれば、1㎡あたりの評価額が高いほうが、小規模宅地等の特例の減額金額は大きくなります。**

　つまり、現在保有の土地を、より1㎡あたりの評価額の高い地域の土地に組み換えることによって、さらに減額金額を大きくすることができます。

　具体的には、地方に所有している土地を、東京・大阪・横浜など都市部の土地に組み換えるということになります。

● 資産組み換えの具体例

　では、特定居住用宅地等の評価減の要件を満たす宅地の例を見てみましょう（次ページ図参照）。

　路線価の高い地域の土地をA土地、路線価の低い地域の土地をB土地とします。そして、A土地の路線価は100万円、B土地の路線価は10万円です。

　小規模宅地等の特例の適用面積がどちらも330㎡とした場合、A土地の減額金額は2億6,400万円、B土地の減額金額は2,640万円となります。

　その結果、減額金額の差は2億3,760万円にもなります。

　1㎡あたりの評価額が小規模宅地等の特例の減額金額に与える影響が多いことがわかります。

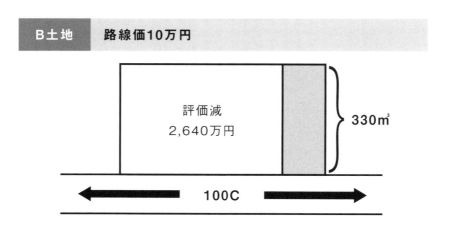

A土地とB土地の差

A土地　路線価100万円

評価減
2億6,400万円

330㎡

1000C

評価減額の計算　100万円 × 330㎡ × 80% = **2億6,400万円**

B土地　路線価10万円

評価減
2,640万円

330㎡

100C

評価減額の計算　10万円 × 330㎡ × 80% = **2,640万円**

減額金額の差　▲2億3,760万円

しかし、自宅として使用しているＢ土地を、路線価の高いＡ土地に組み換えるということは、必然的に住み慣れた土地を離れることにつながります。

　したがって、現実的に考えると、貸付事業用宅地等の特例を適用できる土地で、200㎡まで50％の評価減を利用するケースが多く想定されます。

　また、相続税の計算上は得な結果になったとしても、資産の組み換えの際に宅地の面積が減少しすぎ、資産価値自体が減少してしまう可能性もあります。

　資産の組み換えを実行する際には、小規模宅地等の特例による減額金額のみならず、ご自身のライフプランなども考慮した上で、慎重な判断が必要になります。

● 駐車場用地への適用

　青空駐車場は、初期の設備投資が少なく管理も容易なため、手軽に行うことができる土地活用方法です。しかし、税制上の優遇措置はほとんどありません。

　小規模宅地等の特例の対象となる土地は、「建物または構築物の敷地の用に供されているもの」と定められています。

　建物や構築物の敷地は、宅地等の転用に際して、その撤去が容易でなく、処分面での制約があるために、その評価を下げることができるのです。

　例えば、コンクリートやアスファルト舗装がない青空駐車場の場合は、宅地等への転用が容易であることから、この規定の趣旨に合わず、小規模宅地等の特例の適用対象となりません。

　つまり、駐車場用地に構築物を設置するなど、一定の手を加えることで、小規模宅地等の特例を適用することができるのです。

　過去の判例では、土地の１割程度にアスファルト舗装を施し、金属

製パイプを組み合わせたフェンスや看板を設置した程度では、構造が簡易であり、これらの撤去は容易にできる程度のものと判断され、小規模宅地等の特例の適用はないとされたものがあります。

　単純に駐車場用地にコンクリートやアスファルト舗装が施されているのみならず、それらが土地の相当部分にわたって行われていることが必要と考えられます。

　また、相続発生後に慌てて構築物を設置しても適用されません。小規模宅地等の特例の適用を受けるためには、相続開始時点で建物や構築物がある必要があります。そのため、生前の対策が必要です。

駐車場への適用

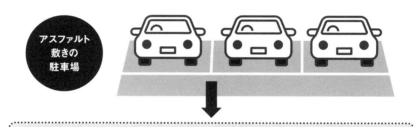

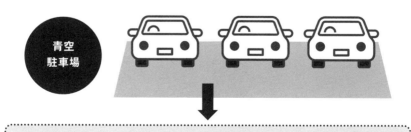

5-7 タワーマンションには大きな節税効果がある!

● タワーマンション節税

タワーマンション節税とは、タワーマンションの相続税評価額が、市場価格と比較して、相当程度低いことを利用した節税方法です。

仮に1億円を相続する場合、現金なら1億円に相続税がかかりますが、1億円でマンションを購入し、その相続税評価額が3,000万円だとすれば、7,000万円の評価減になります。

● タワーマンションの評価

不動産の中でもとりわけタワーマンションに大きな節税効果が期待できるのは、マンションの価値に占める土地の割合が低いためです。タワーマンションは戸数が多いため、1戸あたりの土地の持ち分が小さくなるのです。

例えば、面積750㎡、相続税評価額7億5,000万円の土地があったとします。

この土地に戸数75戸のマンションがある場合、1戸あたりの土地面積は10㎡、土地の相続税評価額は1,000万円になります。

戸数750戸のタワーマンションの場合、1戸あたりの土地面積は1㎡、土地の相続税評価額は100万円です。圧倒的にタワーマンションの土地の評価額が低いことがわかります。

また、マンションの土地の評価は、専有面積が同じであれば、高層階でも低層階でも変わりません。

しかしながら、通常1階と40階を比べた時、販売価格が高いのは40階です。高層階に行くほど、市場価格と評価額の差が大きくなり、節税になるというわけです。

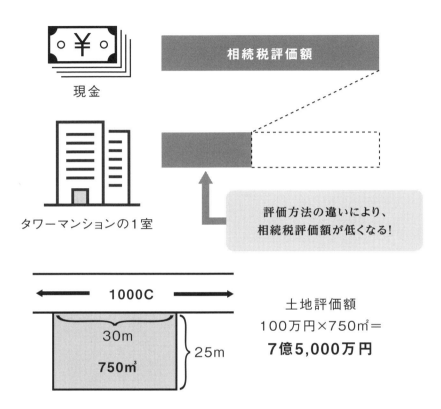

タワーマンション節税の仕組み

現金

相続税評価額

タワーマンションの1室

評価方法の違いにより、相続税評価額が低くなる!

1000C

30m

750㎡

25m

土地評価額
100万円×750㎡＝
7億5,000万円

	タワーマンション	小規模マンション	一戸建て
戸数	750戸	75戸	1戸
一戸あたりの土地面積	1㎡	10㎡	750㎡
一戸あたりの土地評価額	100万円	1,000万円	7億5,000万円

※全戸の専有面積は同じとした場合

◉ タワーマンション節税の注意点

　タワーマンションによる節税は、不動産の評価方法に従った合法なものなので、普通に活用する上では特に問題はありません。

　ただし、これを利用した節税対策が増えるにしたがって、国税局は、課税を恣意的に免れようとする租税回避行為にあたらないか、厳しい目を向けるようになっています。

　過去に、相続直前にマンションを購入し、相続開始直後にほぼ同価格で売却したケースで、その売却価格が相続税の課税価格だとされた例があります。財産評価の基本は「時価」です。しかし、売却しなければその価格はわからないため、評価のための一定の基準が設けられているに過ぎません。

　このように、**行きすぎた節税は国税局から否認されるケースもある**のです。否認されやすい例としては、以下のことが挙げられます。

①**亡くなる直前にタワーマンションを購入している**
②**購入時点で被相続人に認知症の疑いがあった**
③**相続開始後、すぐに売却している**

◉ 不動産投資のデメリット

　不動産への投資は、税制改正のリスク以外にもいくつかのデメリットがあります。よく検討することが大切です。
⑴ 資産価値減少のリスク
　供給過多となると資産価値が低下する恐れがあります。
⑵ 管理費・修繕積立金の負担
　一般的に、高層マンションほど修繕が高額になるため、所有者の修繕積立金の負担も大きくなります。
⑶ 税制改正のリスク
　今後、税制改正などで評価方法が変わる可能性もあります。

5-8 二世帯住宅は 検討する価値がある！

● 親子同居がベストの方法

　相続人が子どもの場合に、特定居住用宅地等の評価減を適用するための一番簡単な方法は、被相続人と同居することです。宅地を相続する予定の子が、親と相続時まで同じ家で一緒に暮らしてさえいれば、あとは相続税の申告期限である10ヵ月後まで、そこに住み続けていれば、適用要件を満たすことができます。

　生前対策の一環として、検討してみてはいかがでしょうか。

● 二世帯住宅という選択

　親と同居する手段としては、二世帯住宅という選択肢もあります。二世帯住宅は、親世帯と子世帯双方がプライベートな空間を確保することができ、適度な距離感を保てるというメリットがあります。

　二世帯住宅で特定居住用宅地等の評価減を適用できるかどうかは、建物の登記で大きく変わるため、注意が必要です。

　具体的には、親が住んでいるところを親の所有権、子どもが住んでいるところを子どもの所有権として、それぞれ「区分登記」の形で登記してしまうと、同居をしていないとみなされるため、特定居住用宅地等の評価減が適用されません。

　したがって、**二世帯住宅を登記する際には、区分登記にすることを避けるようにしましょう。**

　ここで混同しやすいのが「共有名義」です。共有名義は１つの所有権を複数人で持つ登記であるため、区分登記と違って適用の対象となります。

二世帯住宅で子が土地を相続した場合の例

建物の登記	特定居住用宅地等の 評価減の特例適用
区分所有登記なし	○
区分所有登記あり	×
未登記	○

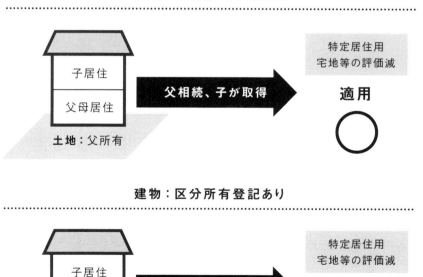

建物：区分所有登記なし

子居住 / 父母居住
土地：父所有

父相続、子が取得 →

特定居住用
宅地等の評価減

適用 ○

建物：区分所有登記あり

子居住 / 父母居住
土地：父所有

父相続、子が取得 →

特定居住用
宅地等の評価減

適用 ×

広く大きな宅地には特別な評価方法がある！

● 地積規模の大きな宅地の定義

　一定の面積以上の土地については、特別な評価方法が定められています。この対象となる土地を「地積規模の大きな宅地」と言い、評価額を減額することができます。

　地積規模の大きな宅地は、一般的な世帯が宅地として利用するには広すぎます。開発業者が土地を買取り、分割して販売する場合にも、都市計画法などに基づいて、新たな道路や公園などが必要になります。その分、実際に販売できる面積は目減りすることになりますし、整備費用もかかることから、同地域の標準的な広さの宅地に比べて、1 ㎡あたりの買取り価格は低くなります。

　そのため、評価額にも特別な方法が認められるのです。簡単にまとめると、次のような要件を満たしていれば「地積規模の大きな宅地」に該当します。

①面積が1,000㎡以上（三大都市圏では500㎡以上）

②市街化調整区域以外

③路線価地域では地区区分が「普通商業・併用住宅地区」または「普通住宅地区」

④都市計画法の用途地域が工業専用地域以外

⑤容積率が400％未満（東京23区は300％未満）

三大都市圏とは……
(1) 首都圏整備法第2条第3項に規定する既成市街地又は同条第4項に規定する近郊整備地帯
(2) 近畿圏整備法第2条第3項に規定する既成都市区域又は同条第4項に規定する近郊整備区域
(3) 中部圏開発整備法第2条第3項に規定する都市整備区域

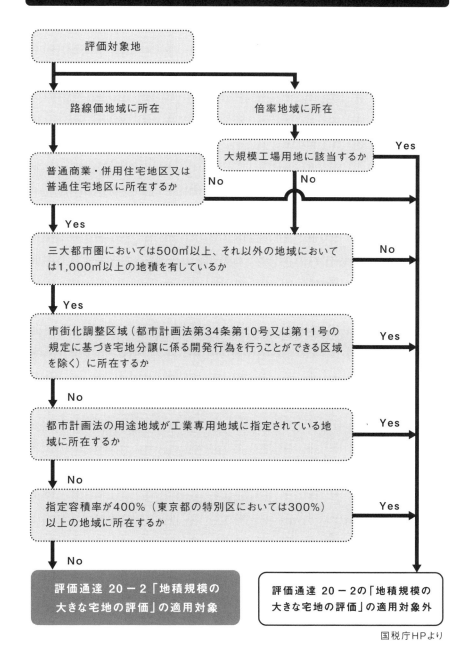

地積規模の大きな宅地判定フローチャート

評価対象地

路線価地域に所在 | 倍率地域に所在

大規模工場用地に該当するか　Yes

普通商業・併用住宅地区又は
普通住宅地区に所在するか　No　No

三大都市圏においては500㎡以上、それ以外の地域において
は1,000㎡以上の地積を有しているか　No

Yes

市街化調整区域（都市計画法第34条第10号又は第11号の
規定に基づき宅地分譲に係る開発行為を行うことができる区域
を除く）に所在するか　Yes

No

都市計画法の用途地域が工業専用地域に指定されている地
域に所在するか　Yes

No

指定容積率が400％（東京都の特別区においては300％）
以上の地域に所在するか　Yes

No

評価通達 20－2「地積規模の
大きな宅地の評価」の適用対象

評価通達 20－2の「地積規模の
大きな宅地の評価」の適用対象外

国税庁HPより

● 地積規模の大きな宅地の評価方法

⑴ 路線価地域に所在する場合

　路線価に、奥行価格補正率や不整形地補正率などの各種画地補正率のほか、規模格差補正率を乗じて求めた価額に、その宅地の地積を乗じて計算した価額によって評価します。

⑵ 倍率地域に所在する場合

　次に掲げる①の価額と②の価額のうち、いずれか低い価額により評価します。

①その宅地の固定資産税評価額に倍率を乗じて計算した価額

②その宅地が標準的な間口距離及び奥行距離を有する宅地であるとした場合の1㎡当たりの価額を路線価とし、かつ、その宅地が普通住宅地区に所在するものとして、⑴ 路線価地域に所在する場合と同様に計算した価額

地積規模の大きな宅地の評価額

地積規模の大きな宅地の評価額 ＝
路線価 × 奥行価格補正率
× 不整形地補正率などの各種画地補正率
× 規模格差補正率 × 地積（㎡）

$$規模格差補正率 ＝ \frac{Ⓐ \times Ⓑ + Ⓒ}{地積規模の大きな宅地の地積（Ⓐ）} \times 0.8$$

上記算式中のⒷ及びⒸは、地積規模の大きな宅地の所在する地域に応じて、それぞれ次に掲げる表のとおりです。

三大都市圏に 所在する宅地	普通商業・併用住宅地区、 普通住宅地区	
	Ⓑ	Ⓒ
500㎡以上1,000㎡未満	0.95	25
1,000㎡以上3,000㎡未満	0.90	75
3,000㎡以上5,000㎡未満	0.85	225
5,000㎡以上	0.80	475

三大都市圏以外に 所在する宅地	普通商業・併用住宅地区、 普通住宅地区	
	Ⓑ	Ⓒ
1,000㎡以上3,000㎡未満	0.90	100
3,000㎡以上5,000㎡未満	0.85	250
5,000㎡以上	0.80	500

計算例

三大都市圏に所在
市街化区域、
普通住宅地区
第一種住居地域、
指定容積率200%

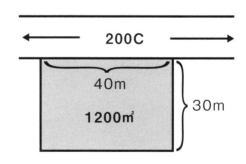

200C
40m
1200㎡
30m

$$規模格差補正率 = \frac{1200 \times 0.90 + 75}{1200㎡} \times 0.8 = 0.77$$

200,000 × 0.95 × 0.77 × 1,200 = 175,560,000円
路線価　奥行価格補正率　規模格差補正率　地積

適用前　228,000,000円 ⇒	適用後　175,560,000円

5-10 小口不動産による節税対策がある!

● 不動産小口化商品

　都会のオフィスビルなどの不動産を、投資家が単独で所有するのではなく、投資単位を少額にして、複数の投資家が共同で不動産賃貸事業を行う商品があります。口数単位で購入できることから「不動産小口化商品」と呼ばれます。

「不動産特定共同事業法」の認可を受けた事業者が、収益不動産を購入・分割して、小口化投資商品として投資家に販売し、事業による収益を保有する口数によって分配します。

● 不動産小口化商品の種類

　不動産小口化商品の代表的なものとして、「匿名組合型」と「任意組合型」があります。

⑴ 匿名組合型

　不動産を管理する業者と投資家の間で、「匿名組合契約」を締結します。不動産ではなく会社に対して出資する契約であるため、投資家は不動産の所有権を保有しません。登記簿に投資家の名前が載ることはなく匿名性があり、投資家の登記費用の負担もありません。分配金は「雑所得」になります。

⑵ 任意組合型

　不動産を管理する業者と投資家の間で、「任意組合契約」を締結します。投資家は、不動産の共有持分を購入して、その購入した共有持分を組合に現物出資をします。不動産の所有権は投資家にあります。分配金は「不動産所得」になります。相続税評価額は不動産評価額になることから、節税対策にもつながります。

投資商品の比較

投資対象 （商品種類）	現物不動産	不動産小口化商品		不動産 投資信託 （REIT）
		匿名組合型	任意組合型	
関係する 法律	宅地建物 取引業法	不動産特定共同事業法		投資信託法
相続評価 方法	不動産	利益配当請求権、 出資金返還 請求権の評価	不動産	証券 （時価）
所得の種類	不動産所得	雑所得	不動産所得	配当所得

不動産小口化商品の種類の比較

	匿名組合型	任意組合型
事業主体	事業者	出資者（共同事業）
出資金額	1口数万円程度～	1口100万円程度～
運用期間	数ヵ月～10年以内	10年～数十年
不動産所有権	事業者	出資者
登記費用	負担なし	負担あり
特　徴	・少額から投資可能 ・短期運用が多い	・相続対策として活用できる ・長期運用で安定収益を得られる

◉ 不動産小口化商品のメリット

　不動産投資をする上で、物件選びは大変重要です。首都圏の一等地にある商業ビルや大型マンションなど、安定した賃貸収入が見込めそうな物件や、将来的に不動産価値が上がり、売却益が生まれそうな物件は、投資対象として魅力的です。

　しかし、個人では購入できない規模になります。不動産小口化商品は、そのような優良物件を投資対象にでき、**不動産のプロである事業者が選定することから、投資リスクが低くなります。**

　また、通常の不動産投資では、数千万円〜数億円の初期投資費用が必要になりますが、不動産小口化商品は、1口100万円前後で不動産投資を行えます。

　複数の物件に分けて小口投資をすることで、リスクの分散ができるのです。

　わずらわしい賃貸管理や運営は事業者が行うため、投資家には不動産管理の手間がかからないこともメリットの一つです。

　相続の際には、**口数に応じて分割できるため、遺産分割対策としても有効です。**現物不動産を2分の1ずつ相続した場合には共有不動産となり、それ以降、不動産の管理・処分を行うためには、共有者の協力がないと円滑に進めることはできません。不動産小口化商品であれば、1口単位で分割が可能になります。

　さらに、任意組合型の商品の場合は、財産評価が不動産の評価となるため、投資価額より評価を下げることができ、節税につながります。

◉ 不動産小口化商品のデメリット

　不動産小口化商品にはリスクもあります。家賃収入の収益は、経済情勢や賃貸状況などにより変動します。そのため、元本や分配金の保証はありません。また、低リスクのため、実質的に得られる利回りは小さくなります。

いざ投資を始めようと思っても、不動産小口化商品の数はまだ少なく、募集期間も限られることから、投資したくてもできない可能性もあります。融資が使えないため、自己資金が必要となります。

不動産小口化商品のメリットとデメリット

メリット	・少額の資金で投資を始められる ・リスク分散できる ・優良物件に投資できる ・物件の管理・維持・運営を任せられ、手間がかからない ・遺産分割対策として有効 ・相続・贈与対策として活用できる（任意組合型の場合）
デメリット	・元本保証・賃料収入の保証がない ・実質的に得られる利回りが小さい ・選択肢が少ない ・融資が使えないため、自己資金が必要

不動産小口化商品を利用した遺産分割の例

現物不動産の場合

・分けられない
・共有名義はリスク大

不動産小口化商品の場合

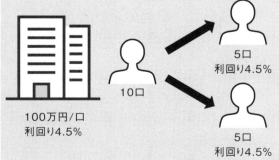

100万円/口
利回り4.5%

10口

5口
利回り4.5%

5口
利回り4.5%

◉ 不動産小口化商品を利用した節税対策

　不動産小口化商品の中でも任意組合型の商品は、相続税の節税対策として有効です。

　任意組合型の不動産小口化商品は、投資家が出資金額に応じて不動産を持分所有します。不動産の所有権があるため、評価額は不動産の評価額となります。不動産小口化商品の場合、取得価額の4〜6割ほどの評価になりますので、節税につながります。

　さらに、要件を満たせば、貸家の評価減や小規模宅地等の特例の評価減などを適用することも可能です。

◉ 不動産小口化商品を利用した生前贈与

　任意組合型の不動産小口化商品は、贈与税対策としても有効です。例として、現金の贈与の場合と比較してみましょう。

　父から子へ1,000万円の現金を贈与した場合、贈与税額は177万円になります。そこで、父が1,000万円で任意組合型の不動産小口化商品を購入します。購入した不動産小口化商品を子に贈与する時の評価額は、取得価額ではなく不動産評価額となります。仮に不動産評価額が取得価額の4割の400万円となる場合、贈与税額は33万5,000円です。現金の贈与の場合より、贈与税が143万5,000円安くなります。さらに、子にはその後の収益が入ってくることになります。

◉ 不動産小口化商品の選び方

　不動産小口化商品を利用した節税対策は、不動産の所有権を持つ任意組合型の場合に可能になります。

　不動産小口化商品へ投資をする場合には、メリットとデメリットを検討するだけでなく、匿名組合型と任意組合型の違いを理解し、自分の目的に沿う商品を選ぶようにしましょう。また、税務上の扱いは個別の事情によって異なる場合がありますので、注意が必要です。

任意組合型の仕組み

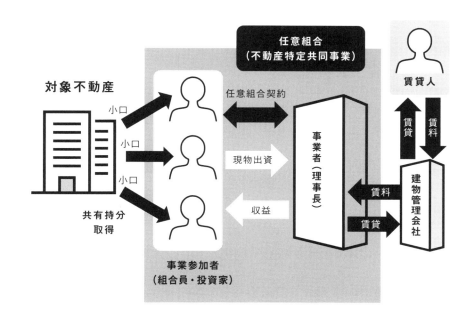

不動産小口化商品を利用した贈与対策

	1,000万円の現金を贈与した場合	1,000万円で購入した小口不動産を贈与した場合
減少する相続財産	1,000万円	1,000万円
贈与税の課税対象額	1,000万円	400万円
贈与税額	177万円	33万5,000円

※1年で1人の直系卑属に贈与した場合

差額
143万5,000円

5-11 管理会社を設立して不動産の節税をする！

● 不動産管理会社には2つの方式がある

　国税庁の統計によると、相続財産に占める不動産の割合は半分以上となっています。そのため、相続税の節税対策を行う上では、不動産に関する対策は欠かせません。そのうちの1つとして、不動産管理会社を利用する節税方法があります。

　不動産管理会社を利用すると、賃貸不動産の管理料が不動産管理会社に入ります。親族を役員にしておけば、入ってきた管理料から、親族に給料を支払うことができます。

　そうすれば、所得の分散ができて所得税の節税になるとともに、被相続人の財産増加を抑えることも可能です。また、相続税の納税資金対策にもなります。

　不動産管理会社を利用した節税方法には、管理委託方式と転貸方式の2つの方式があります。

　管理委託方式は、不動産オーナーが賃貸不動産を直接、賃借人に貸し付け、不動産管理会社は、賃貸不動産の管理を行うことによって、不動産オーナーから管理料をもらう方式です。

　転貸方式は、不動産管理会社が不動産オーナーから賃貸不動産を一括で借り上げて、その賃貸不動産を賃借人に転貸する方式です。この方式によると、賃料は、いったん賃借人から不動産管理会社に入り、その後、管理料を差し引いた分が不動産オーナーに支払われます。

　この2つの方式を比較すると、管理委託方式より転貸方式のほうが、より多くの管理料を不動産オーナーからもらうことができます。なぜなら、転貸方式の場合は、管理業務だけでなく、賃借人から支払われる賃料の未収リスクなども背負うからです。

不動産管理会社を利用した節税方法

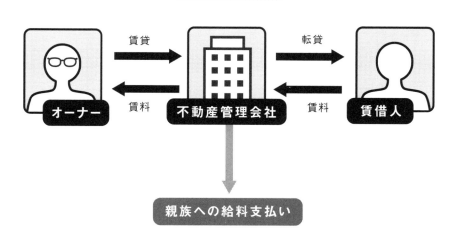

管理委託方式

賃貸
賃料
オーナー
賃借人
管理料
管理業務代行
不動産管理会社
親族への給料支払い

転貸方式

賃貸
転貸
賃料
賃料
オーナー
不動産管理会社
賃借人
親族への給料支払い

● 管理料は適正額でないとダメ

　不動産管理会社に管理料を支払う節税方法には、限界があります。不動産オーナーから、不動産管理会社に支払われる管理料は、いくら支払っても大丈夫というわけではありません。支払われる管理料は、適正額でなければなりません。

　管理料の適正額は、過去の裁判例などを参考にすると、管理委託方式で家賃収入の4〜8％程度、転貸方式で家賃収入の6〜15％程度が妥当と考えられます。

● 不動産管理会社に建物を売却する

　そこで、賃貸不動産のうち建物のみを、不動産オーナーから不動産管理会社に売却します。

　建物が不動産管理会社の所有になれば、すべての家賃収入が不動産管理会社の収入になります。

　収入が増加すれば、親族に支払う給料も増額することができますので、さらに、所得の分散が可能になります。

　ただし、建物は不動産管理会社の所有になっても、土地は不動産オーナーの所有ですので、借地権に関する課税の問題が発生します。この問題を回避するためには、「無償返還の届出書」を税務署に提出しましょう。

　また、固定資産税の3倍程度の地代を、不動産管理会社から不動産オーナーに支払っていれば、相続時の土地の評価額は、更地価額から20％を控除した金額になります。

不動産管理会社に建物を売却する節税方法

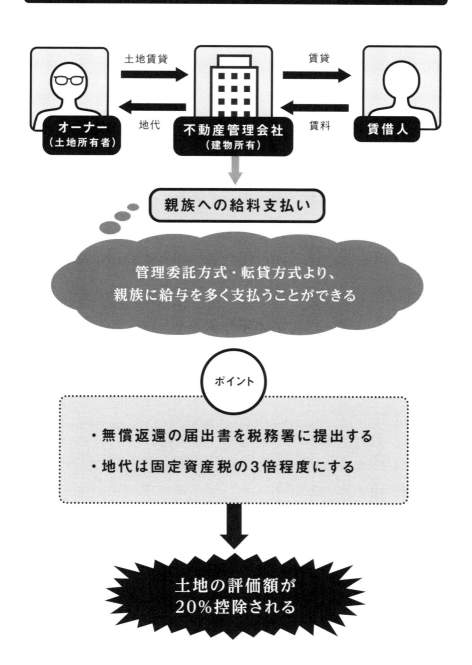

土地賃貸 → 賃貸 →
← 地代 ← 賃料

オーナー
（土地所有者）

不動産管理会社
（建物所有）

賃借人

親族への給料支払い

管理委託方式・転貸方式より、
親族に給与を多く支払うことができる

ポイント

・無償返還の届出書を税務署に提出する
・地代は固定資産税の3倍程度にする

土地の評価額が
20％控除される

5-12 一般社団法人に関わる節税対策がある！

● 一般社団法人の定義

　一般社団法人とは、「一般社団法人及び一般財団法人に関する法律」という法律を根拠に設立される「非営利法人」を言います。**この非営利とは「事業活動によって獲得した利益を分配しないこと」を意味しています。**

　一般社団法人は、法令の定めにより、出資者に対する持ち分がありません。つまり、利益が出たとしても、それを配分することができません。その点が、営利目的で活動し、株主に対する配当還元を行う株式会社とは、性質が大きく異なります。

　一般社団法人は、利益の分配はできませんが、理事や社員に対して給料を支払うことはできます。

● 一般社団法人を利用した節税

　株式会社の場合、親が死亡した時には、会社の株式を相続することになり、株式の評価に応じて相続税が課税されます。

　一方、**一般社団法人には、出資持分という概念がありませんので、株式を相続して課税されることはありません。**一般社団法人の引き継ぎは、社員を交代する手続きだけで完了します。

　例えば、一般社団法人を設立し、父と子が理事になったとします。父の賃貸用不動産を法人に移転すると、賃料は法人の収入になります。父と子は、法人から給料を受け取ることができます。父の相続の時には、その賃貸用不動産は一般社団法人の所有になっていますので、相続税は課税されません。**ただし、特定一般社団法人等に該当する場合は、例外となります。**

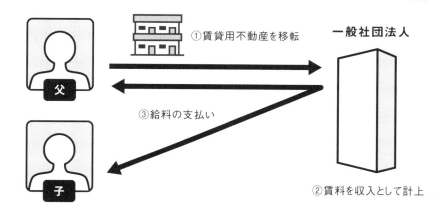

一般社団法人への資産移転スキーム

①賃貸用不動産を移転 　一般社団法人

③給料の支払い

②賃料を収入として計上

父

子

● 一般社団法人でも相続税が課税される場合がある

　一般社団法人に資産を移転してしまえば、無条件に相続税がかからないのであれば、国は相続税を徴収できなくなってしまいます。

　そのため、**特定一般社団法人等の理事である者（理事退任後5年未経過の者を含む）が死亡した場合には、相続税が課税されることになっています。**

　「特定一般社団法人等」とは、次に掲げる要件のいずれかを満たす一般社団法人を言います。

①相続開始の直前における同族理事数の総理事数に占める割合が2分の1を超えること

②相続開始前5年以内において、同族理事数の総理事数に占める割合が2分の1を超える期間の合計が3年以上あること

　要するに、「親族が支配している一般社団法人には、個人と同じように相続税が課税される」ということです。

　この時の、相続税が課税される財産の計算方法は、「その一般社団法人の純資産額÷同族理事数（亡くなった人を含む）」になります。

特定一般社団法人等の定義

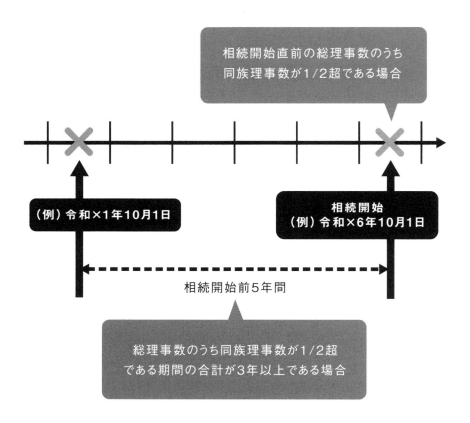

相続開始直前の総理事数のうち
同族理事数が1/2超である場合

（例）令和×1年10月1日

相続開始
（例）令和×6年10月1日

相続開始前5年間

総理事数のうち同族理事数が1/2超
である期間の合計が3年以上である場合

※同族理事とは

一般社団法人の理事のうち、
- 被相続人
- 被相続人の配偶者（内縁含む）
- 被相続人の三親等内の親族
- その他被相続人と特殊の関係がある者
（被相続人が会社役員となっている会社の従業員等）

● 一般社団法人への贈与

　個人が法人などに資産を贈与、または、著しく低い価額で売却した場合、個人は時価により資産を売却したとみなされ、譲渡所得税が課税されます。また、法人側も同額の利益があったとされ、法人税が課税されます。

　さらに、**一般社団法人等への贈与が、贈与者の親族などの贈与税や相続税の負担を不当に減少すると認められる場合には、一般社団法人等を個人とみなして、贈与税が課税されます。**

　具体的には、以下の4つの要件のうち、1つでも該当した場合は、租税回避行為とみなされ、贈与税が課税されることになります。

①定款や規則で、役員等のうち親族等の割合を1／3以下とする定めがないこと
②役員等やその親族等に対し、特別な利益を与えること
③その社団法人が解散した場合には、残余財産が国や地方公共団体、公益社団法人、公益財団法人等に帰属する定めがないこと
④法令に違反し、又は、帳簿書類に隠ぺい・仮装がある、その他公益に反する事実があること

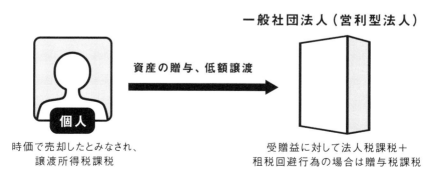

一般社団法人への贈与での課税

一般社団法人（営利型法人）

資産の贈与、低額譲渡

個人

時価で売却したとみなされ、
譲渡所得税課税

受贈益に対して法人税課税＋
租税回避行為の場合は贈与税課税

第 6 章

まだまだある！

その他の
生前対策

贈与したからといって 安心するのは危険！

● 生前贈与は特別受益に当たる

　相続人が被相続人から生前に贈与を受けていた場合には、「特別受益」といって、その贈与を受けていた財産は、遺産分割において相続財産に加算されることになります。理由は生前に贈与をしていなければ、本来、相続財産として残っていたはずだからです。

　特別受益には時効がありません。**被相続人が亡くなる10年前に行われた贈与でも、20年前に行われた贈与でも特別受益として、相続財産に加算されます。**

　ただし、遺留分の算定においては、相続開始前10年以内の特別受益に限り相続財産に加算されます。

● 持戻しの免除

　被相続人が特別受益を相続財産に加算させないという、持戻し免除の意思表示をした場合には、その意思が尊重されます。

　例えば、被相続人には長男と次男の2人の子がいたとします。長男には生前に1,000万円の贈与を行っており、残っていた相続財産は2,000万円であったとします。

　通常であれば、生前に贈与を行った1,000万円を特別受益として相続財産の2,000万円に加算しますので、遺産分割の対象になる相続財産は3,000万円となり、長男、次男のそれぞれの相続分は次の式で計算することができます。

・長男　（2,000万円＋1,000万円）×1／2－1,000万円＝500万円
・次男　（2,000万円＋1,000万円）×1／2＝1,500万円

ところが、被相続人が長男に生前贈与した1,000万円を、特別受益として相続財産に加算させないという意思表示をした場合には、長男も次男も1,000万円ずつ相続することになります。

　意思表示の形式は特に定められていませんが、相続人間のトラブルを引き起こさないためにも、遺言書などで意思表示をしておいたほうがよいでしょう。

　また、被相続人が特別受益として相続財産に加算させないという意思表示をしたとしても、遺留分を侵害している場合には、遺留分を侵害された相続人は、遺留分侵害額請求を行うことができます。

● 贈与を受けた側の納税資金が足りなくなる

　生前贈与のやりすぎは、やり方によっては将来の相続において納税資金不足を招く場合があります。

　例えば、結婚・子育て・教育・住宅取得に関する贈与税の非課税制度を利用して贈与が行われた場合には、贈与された資金は、その制度の目的に沿った用途にしか使えません。目的通りに使われなかった場合や一定期限までに使われずに残っている資金には、贈与税や相続税がかかります。

　相続税を計算する場合において、相続開始前3年以内に相続人に対して行われた贈与は、相続財産に加算されます。

　贈与でもらった財産だから相続税はかからないと思い込んで使い切ってしまった後で、実は相続税がかかり、納税資金に困ってしまうこともあります。

　各家庭において、相続財産の種類も金額も様々です。さらに、相続人の生活状況も様々です。この世に同じ相続など存在しません。生前贈与をしたからといって、将来の相続対策が万全とは言い切れないのです。ご家庭ごとにそれぞれの事情を考慮して慎重に生前贈与を行うことが大切です。

6-2 こういう場合は遺言書を作成しよう！

● 遺言書の必要性

　ごく普通の家庭においても、相続が開始した場合には思いがけない紛争に発展する可能性があります。**遺産分割協議は相続人全員が合意をしなければ成立しません。**

　したがって、相続人のうちに１人でも遺産分割内容に関して反対する人がいる場合、相続は前に進むことはできません。

　家族関係が複雑な時や、家庭不和の時はもちろん、相続に関する紛争を未然に防止し、かつ被相続人の思いを実現するためには、必ず遺言書を作成する必要があります。

● 相続人以外の人に財産を遺したい時

　下記に記載する方は相続人ではありませんから、遺言書がなければ一切財産を取得することはできません。

①**内縁の妻**
②**配偶者の連れ子**
③**子の配偶者**
④**その他相続人以外の第三者**
⑤**公共団体等（寄付する場合）**

　被相続人に子どもがいる場合、孫や兄弟に相続権はないので、孫や兄弟に財産を遺したい場合には、遺言書を作成する必要があります。また、相続人以外で、生前にお世話になった人に財産を遺したい場合も、遺言書を作成する必要があります。

● 相続財産が分割しにくいものである時

居住用不動産、自社株や会社使用不動産といった事業用財産など、共有で財産を相続すると、権利関係が複雑になり、将来的にうまくいかなくなったりすることがあります。

このような場合には、遺言書を作成することによって、居住用財産は配偶者、事業用財産は事業承継者など、特定の人に相続させることができます。

● 子どもがいない場合

子どもや孫がいない場合は、親や兄弟姉妹が法定相続人になりますので、配偶者に財産を多く遺したい場合や、兄弟姉妹には財産を遺したくない場合には、遺言書を作成しておくことが有効です。

なお、兄弟姉妹には民法の遺留分がありませんので、相続人が兄弟姉妹のみの場合には、遺言書に記載した通りの相続が実現できます。

● 先妻の子と後妻の子がいる時

再婚をして先妻の子と後妻の子がいる場合などは感情的になりやすく、遺産争いが生じる場合があります。

また、相続人同士に面識がないとか、居場所がわからないなど、遺産分割に支障をきたすことも考えられます。遺言書を作成しておけば、スムーズに相続を進めることができます。

● 相続する財産の割合を決めておきたい時

相続人同士の仲が悪いと、お互いの主張ばかりが前に出て一向に遺産分割が進まない場合があります。

また、生前の面倒を見てもらえなかったことや、暴言を言われたなどを理由に、財産を渡したくない相続人がいる場合は、遺言書を作成することで相続財産の割合を決めておくことができます。

6-3 養子縁組の検討も相続には意味がある！

● メリットが多い養子縁組

養子縁組をすることで、下記のような相続対策ができます。

⑴ 相続分及び遺留分の引き下げ

財産を渡したくない相続人がいる場合において、養子縁組をして相続人の数を増加させれば、財産を渡したくない相続人の相続分及び遺留分を下げることができます。

⑵ 基礎控除額の増加

相続税の基礎控除額は「3,000万円＋600万円×法定相続人の数」で計算されますので、養子縁組で法定相続人の数が増加すれば、基礎控除額が増加します。

⑶ 税率の低下

相続税の税率は累進税率です。養子縁組で法定相続人の数が増加すれば、税率が下がります。

⑷ 生命保険金や死亡退職金の非課税枠の増加

生命保険金と死亡退職金の非課税枠は「500万円×法定相続人の数」で計算されますので、養子縁組で法定相続人の数が増加すれば、非課税枠が増加します。

⑸ 相続の世代飛ばし

通常は親から子、子から孫へと相続が行われ、その都度、相続税が課税されますが、自分の孫を養子に迎えれば、一世代分飛ばして相続することができます。

ただし、孫養子の場合は代襲相続人となる場合を除いて、相続税額が2割増しになりますので、注意が必要です。

● 養子の数に制限がある

　これだけ節税メリットが多い養子縁組ですので、養子の数をどんどん増やしていきたくなるところです。しかし、**民法上は養子の数に制限はありませんが、相続税法上は下記のように養子の数に制限があります。**

①被相続人に実子がいる場合
　　法定相続人に含められる養子の数は1人まで
②被相続人に実子がいない場合
　　法定相続人に含められる養子の数は2人まで

　ここで制限される養子とは、「普通養子」だけであり、養子縁組によって実父母との関係が終了する「特別養子」は含まれません。
　つまり、養子が「特別養子」である場合には、実子と同じ扱いになり、相続税法上においても養子の数の制限を受けないのです。

● 養子縁組のデメリット

　養子縁組は、メリット面にだけ目が行きがちですが、思わぬトラブルの種になることもあります。
　例えば、自分の娘が結婚した時に、娘の夫と養子縁組をする、いわゆる「婿養子」のケースです。娘と婿養子の仲が悪くなって離婚した場合、「娘と離婚したのだから、当然、婿養子との養子縁組も解消されるだろう」と思うかもしれません。
　しかし、婿養子との親子関係（養子縁組）は維持されます。養親と養子の双方が合意すれば解消できますが、重大な虐待や侮辱などがない限り、一方的に解消することはできません。
　相続対策になるからといって早々と養子縁組をすると、失敗することにもなりかねません。状況を見極めながら、慎重に養子縁組制度を利用してください。

6-4 相続財産を圧縮する方法もいろいろある!

● 相続財産の圧縮

相続税の節税対策の1つの方法として、相続財産を圧縮する方法があります。

例えば、3,000万円の預金を相続の時まで持っていれば、相続税評価額は3,000万円のままです。

その3,000万円の預金を自宅の建築費用に充てた場合は、財産の種類が現金から建物に変わることにより、相続税評価額は3,000万円ではなく、建物の固定資産税評価額へ変わることになります。

建物の固定資産税評価額は、建築費用の60％程度と言われています。したがって、3,000万円×0.6＝1,800万円となります。

このように、相続財産の種類を変えることにより、相続財産を圧縮することができ、相続税を減少させることができます。

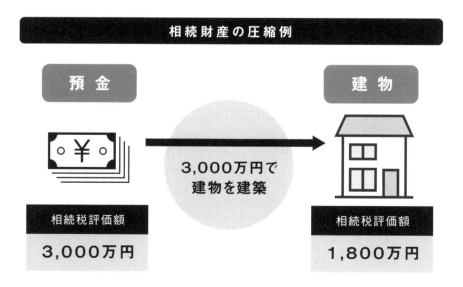

相続財産の圧縮例

預 金		建 物
相続税評価額	3,000万円で建物を建築	相続税評価額
3,000万円		1,800万円

預金残高に余裕があれば、その預金を使って建物など他の種類の財産に変えることは容易ですが、預金残高に余裕がなければこの方法は難しくなってしまいます。

　そこで、借入をすることによって預金を増加させ、その預金を他の種類の財産に変えれば同じ効果を出すことができます。

　預金残高に余裕がないからといって諦めないで、借入することも検討するようにしましょう。

● 贈与も相続財産の圧縮になる

　相続財産の種類を変えることにより、相続財産を圧縮する方法を説明しましたが、そもそも相続財産である預金を生活費などに消費してしまえば、相続財産を圧縮することができます。

　しかし、必要のない余計なものに預金を消費してしまうのは、相続税の節税にはなりますが、大切な相続財産そのものがなくなってしまい、本末転倒です。

　そこで、預金の生前贈与を行うことをおすすめします。親族に対して預金の生前贈与を行えば、被相続人の相続財産を圧縮でき、一方で、親族の財産が増加します。

　財産の種類を変えずに相続税の節税が可能な上、所有者は被相続人から他の親族に変わりますが、親族全体で見れば財産額は減りませんので、非常に有利です。

遺留分の生前放棄で希望の相続を実現する!

● 遺留分の放棄は生前にできる

　相続財産のすべてを長男に相続させたい場合、遺言書の作成を考えることでしょう。

　例えば、「私の所有するすべての財産を長男○○に相続させる」という内容の遺言書を作成すれば、法律要件を満たしている限り、いったん遺言書通りの相続が実現します。

　しかし、遺留分の問題が残ります。長男以外の相続人から、遺留分の侵害額を請求されたら、長男は他の相続人に、遺留分に相当する財産を金銭で渡さなければなりません。

　しかし、相続財産のほとんどが土地の場合には、自己所有の財産から捻出しなければなりません。

　結果として、長男は相続した土地を売却しなければならなくなってしまう場合もあります。

　そこで、被相続人の生前において、長男以外の相続人に「遺留分の放棄」をしてもらえば、長男がすべての土地を相続することができるようになります。

　これは、相続の放棄とは異なるところです。

　相続の放棄は、相続開始前に行うことはできませんが、遺留分の放棄は相続開始前に行うことができます。**「遺留分の放棄」と「相続の放棄」とは、混同しがちですので間違えないでください。**

● 放棄するかどうかは遺留分権利者の自由

　遺留分の放棄は、相続開始前に家庭裁判所に申請して行います。申請する人は遺留分権利者である相続人です。

いくら被相続人が、遺留分権利者である相続人に対して、遺留分を放棄してほしいと頼んでも、相続人が納得しなければ、遺留分を放棄してもらうことはできません。

　そこで、生前贈与をする代わりに遺留分を放棄してもらうとか、生命保険契約による保険金受取人に指定する代わりに遺留分を放棄してもらうというように、相続人に納得してもらって遺留分の放棄をしてもらいます。

　また、「遺留分の放棄」をしても「相続の放棄」をしたことにはなりませんので注意してください。

遺留分放棄と相続放棄

	遺留分の放棄	相続の放棄
申請者	遺留分権利者（相続人）	相続人
時　期	相続開始前	相続開始後3カ月以内
手続き	家庭裁判所に申請	家庭裁判所に申請※1

※1　家庭裁判所に申請しなくても、遺産分割において実質的に財産を取得しないことを意思表示することはできる

6-6 認知症に対しては事前に対策をしておく！

● 認知症になってしまった場合

「私の親が認知症になってしまったのですが、何か良い生前対策はないでしょうか？」と、こんな相談を受けることがあります。しかし、残念ながら今さら行える生前対策はありません。なぜなら、**贈与・遺言・契約などはすべて判断能力のある人ができる行為**だからです。判断能力のない認知症の人にはそれらの行為が一切できません。

認知症になった時に困る内容として、主に下記のものがあります。

①預金口座の凍結
②不動産の管理・処分
③法定後見人により財産が裁判所の管理下に置かれる

生前対策をするのならば、判断能力のあるうちに考えなければなりません。

● 任意後見制度の活用

「任意後見制度」では、本人に判断能力があるうちに、誰にどんなことを依頼するか、本人が自由に決めることができます。

認知症になった後でも預金口座が凍結されることなく、後見人が預貯金の管理・日常に必要なサービス・商品の購入・契約行為などを代理することになります。

ただし、後見人は認知症の人の財産を維持・管理するのが目的なので、例えば不動産の売却や大規模修繕・財産の運用といったことは、相当の理由がない限り認められません。

また、裁判所の管理下に置かれる点は法定後見人と同じです。

● 家族信託の活用

　家族信託を利用すれば、親が認知症になってしまったために自宅の大規模な修繕ができなかったり、親が施設へ入居するために実家を処分したいが売却できないなどの悩みを、解決することができます。

　例えば、以下のようなケースが考えられます。父親は将来自分が認知症になってしまうのを心配していますが、両親は生きているうちは自宅で過ごしたいため、建物の名義を子に変えたくないのです。

　そこで、本人に判断能力があるうちに、家族信託契約を結ぶことにします。子に自宅の管理を任せながら、父親は自宅に住み続けることができます。

　父親が亡くなった後も、母親が自宅に住み続けることができるような契約内容にしておけば、母親も安心です。そして、両親ともに亡くなったら信託は終了し、子が自宅を引き継ぐことになります。

　仮に、母親が施設に入所するため、どうしても自宅を処分しなければならなくなった場合は、生前であっても、子が自宅を処分することができます。

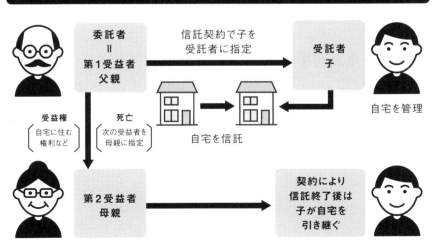

家族信託を活用するケース

委託者
＝
第1受益者
父親

信託契約で子を
受託者に指定

受託者
子

自宅を管理

受益権
[自宅に住む
権利など]

死亡
[次の受益者を
母親に指定]

自宅を信託

第2受益者
母親

契約により
信託終了後は
子が自宅を
引き継ぐ

6-7 成年後見人について 理解しておこう!

● 成年後見制度

　判断能力が不十分な、認知症高齢者・知的障害者・精神障害者等の方を、保護するための仕組みとして「成年後見制度」があります。

　この制度は下記の3つの考え方をもとに、認知症高齢者・知的障害者・精神障害者等の福祉の充実、契約締結能力を補完するためにあります。

①自己決定権の尊重（本人の意思を尊重する）
②残存能力の活用（できる限り現在ある能力を活かして生活する）
③ノーマライゼーション（障害者も通常生活ができる社会を築く）

　成年後見制度は2つに区分されます。1つ目は本人の判断能力が不十分になった後に家族などが申立てをして、家庭裁判所が後見人を選ぶ「法定後見制度」です。

　2つ目は判断能力が衰える前に、本人が自分の意思で後見人を決定できる「任意後見制度」です。

● 法定後見人制度

　法定後見制度は、対象者の判断能力の程度に応じて、後見・保佐・補助の3つの類型に区分されます。

⑴ 後見

　精神上の障害により判断能力を欠く状態の人に対し、家庭裁判所が後見人を選任します。後見人は、財産に関するすべての法律行為を被後見人の代理として行うことができ、被後見人の法律行為は後から取り消すことができます。

⑵ 保佐

　精神上の障害により判断能力が著しく不十分な状態の人に対し、家庭裁判所が保佐人を選任します。あらかじめ定められている財産に関する主な法律行為については、保佐人の同意が必要となり、同意を得ていない行為に対しては、後から取り消すことができます。

⑶ 補助

　軽度の精神上の障害により判断能力が不十分な状態の人に対し、家庭裁判所が補助人を選任します。家庭裁判所の判断において決められた財産に関する特定の重要な法律行為については、補助人の同意が必要となり、同意を得ていない行為に対しては、後から取り消すことができます。

● 任意後見人制度

　将来の判断能力の低下に備え、本人があらかじめ契約により代理人である任意後見人を選任しておく制度です。
　「法定後見」が既に判断能力が不十分である時に家庭裁判所の審判により後見内容が決まるのに対して、「任意後見」は判断能力があるうちに、将来の不安に備えて自分の信頼できる人と、依頼する内容をあらかじめ決めた上で、公証役場において契約することができます。

● 成年後見制度は代理人も守る

　認知症の父親の介護のため、父親の口座から病院に払う治療費や介護サービスなどの支払いをしていると、何も知らない他の相続人から「勝手に父親の金を使っている」と言いがかりを受けるケースがあります。
　後見人であれば、法的に父親の財産管理を認められていることになりますので、決まり事さえ守っておけば、他の相続人からあらぬ疑いをかけられることもありません。

法定後見と任意後見の比較表

名　称	法定後見	任意後見
対象となる人	判断能力が なくなった人	判断能力が ある人
後見人の決め方	裁判所が選任 （希望を伝えることは できる）	自分の意思で 選ぶ
後見人になれる人	家族、親族のほか、弁護士、 司法書士、社会福祉士等の専門家や、 法人もなることができる	
申立てができる人	本人・配偶者・ 4親等内の親族・ 市区町村長など	本人・配偶者・ 4親等内の親族・ 任意後見受任者
後見人の仕事	法律によって 決まる	任意後見契約で 決めるため、自分の 希望を反映できる
後見人の報酬	裁判所の審判に よって報酬が 決まる	任意後見契約に よって自由に 決められる
本人が行った 法律行為の取消	原則、取り消せる	取り消せない

成年後見人・保佐人及び補助人にかかる権限の比較表

	後　見	保　佐	補　助
代理人の名称	成年後見人	保佐人	補助人
本人の判断能力	重度の認知症を患っているなど、本人に判断する能力がない	判断能力が著しく不十分な状態	判断能力が不十分な状態
代理権の有無	あり	あり ※家庭裁判所が認めた行為限定	あり 同左
同意権の有無	なし	あり ※民法13条1項の行為に関して	あり ※民法13条1項の行為の一部に関して
取消権の有無	あり	あり 同上	あり 同上

※民法13条1項では、借金、訴訟行為、相続の承認・放棄、新築、増改築などの行為が挙げられています。

6-8 家族信託について理解しておこう!

● 信託の定義

　信託は財産を預ける人（委託者）が、信託銀行・信託会社・個人等（受託者）に、自分の財産を託して財産の管理・運用・処分をしてもらう制度です。財産から得られる利益や運用益を受け取る人を「受益者」と言います。

　通常は財産の管理・運用・処分の権限と、財産から得られる利益や運用益は同じ人に帰属することになります。

　しかし、信託を利用すれば管理・運用・処分の権限は受託者に、財産から得られる利益や運用益は受益者にと、分けることができます。

● 家族信託

　信託銀行や信託会社等、信託を業として行っている法人が受託者となる信託を「商事信託」と言い、信託を業として行っていない個人等が受託者となる信託を「民事信託」と言います。

　民事信託では、財産を託す際に、信頼できる家族が選ばれることが多いため、「家族信託」とも言います。

● 家族信託のメリット

⑴ 認知症になっても財産が凍結されない

　親が認知症になってしまうと、親が所有する財産は事実上凍結されてしまいます。定期預金を解約することもできませんし、自宅を売却することもできません。

　そこで、家族信託を生前に利用し、財産の一部を家族信託で管理する財布に分け、信託財産として契約に基づき管理していきます。

親が認知症になってしまっても別の財布で管理している財産は、凍結されず、不動産の購入や売却することもできます。

ただし、信託財産を自由に動かすことができたとしても、あくまで契約に基づき、親のために履行しなければなりません。

(2) 財産を思い通りに遺すことができる

遺言書を利用すれば、本人が財産を遺したいと思う人を指定して財産を遺すことができます。ただし、遺言による財産の承継先の指定は一代限りです。

家族信託では、世代を超えて財産の承継先を指定することができます。例えば、自宅の土地を配偶者が引き継ぎ、配偶者が亡くなった後は長男に引き継がせることができます。

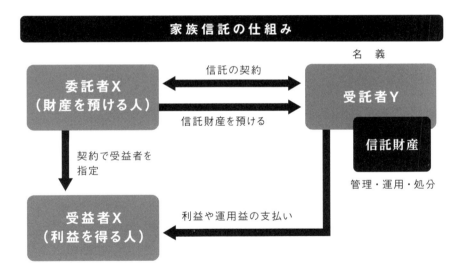

○ 信託法は民法の特別法

家族信託は、平成18年の信託法の改正により初めて本格的に利用されるようになった、歴史が新しいものです。

実例や判例もまだ少ないため、利用される場合は、正しい法解釈のもと活用する必要があります。

6-9 共有不動産は生前に単有にしたほうがよい！

● 単有にする5つの方法

　被相続人の財産の中に共有不動産がある場合には、生前に単有にしておいたほうがいいでしょう。現在の共有者間では意思の疎通ができていても、相続によって世代が代わると、意思の疎通が難しくなってしまうこともあります。

　共有者間の意思の疎通が難しくなると、不動産を有効活用する上で、支障をきたす場合もあります。不動産の共有は、後々のトラブルのもとになるのです。

　共有不動産を単有にするためには、下記の通り、5つの方法があります。

①それぞれの持分割合に応じて分筆する（共有物の分割）
②譲渡する
③贈与する
④将来の相続を待って共有を解消する
⑤交換する

　①の方法は、「共有物の分割」と言って、譲渡所得税はかかりませんので、分割可能な不動産であれば、①の方法がいいでしょう。ただし、共有する土地の面積が小さすぎて、分割することができない場合には、困ってしまいます。

　②と③の方法は、譲渡所得税または贈与税がかかりますので、税金の負担をしてまで、共有を解消するべきかどうかを検討しなければなりません。

　④の方法は、将来の相続の時まで待つ必要がありますが、譲渡や贈

与に比べると、税金の負担が少なくて済む可能性が高い方法です。この場合には、遺言書を作成しておく必要があります。

⑤の方法は、「所得税の交換特例」が適用できれば、譲渡所得税はかかりませんので、共有不動産の解消には有効な方法です。

● 交換特例を利用する

共有不動産を交換する場合には、原則として、取得する不動産の価額により譲渡があったものとして、譲渡所得税がかかります。

しかし、下記の4つの要件を満たしている場合には、譲渡がなかったものとみなされて、譲渡所得税はかかりません。

①譲渡する不動産も取得する不動産も、いずれも土地または建物で、かつ種類を同じくする不動産の交換であること
②譲渡する不動産も取得する不動産も、それぞれ1年以上所有しており、交換のために取得したものでないこと
③取得する不動産を、譲渡する不動産の譲渡直前の用途に供すること
④譲渡する不動産と取得する不動産の価額の差が、いずれか多いほうの20%以内であること

所得税の交換特例は、資産の交換をしても、実質的な経済価値が変わらないことに着目して、譲渡所得税を課さないことになっています。

ただし、不動産の交換を行う場合にも、不動産取得税や登記の際の登録免許税はかかります。事前に、どれくらい費用がかかるのか、試算してから実行してください。

6-10 墓地や仏壇は生前に購入しておく！

● 生前に購入する意味

　墓地や仏壇を生前に購入すると、相続税の節税対策になります。相続税は被相続人が所有していたすべての財産を課税対象にしています。

　しかし、先祖をまつるための墓地や仏壇といったものは、その財産の性質上、相続税の課税対象とすることがふさわしくない財産です。そこで、このような財産を「非課税財産」として、相続税がかからないようにしています。

　例えば、被相続人が預貯金を所有したまま相続が開始すれば、所有していた預貯金に対して相続税がかかりますが、生前に、その預貯金で墓地や仏壇を購入しておけば、預貯金が非課税財産である墓地や仏壇に変わるので、その分節税になります。

　ただし、墓地や仏壇をローンで購入した場合には注意が必要です。墓地や仏壇は相続税の課税対象になりませんが、まだ支払いが終わっていないローン残高や未払金残高は、相続財産から控除することができません。

　つまり、せっかく購入しても節税対策にならないのです。したがって、**墓地や仏壇は「生前に購入して、支払いを済ませておく」ことがポイントです**。

　また、高価な純金製の仏壇や仏像、骨董品などには、相続税がかかります。相続税がからない非課税財産は、常識的な範囲内のものでなければならないので、注意してください。

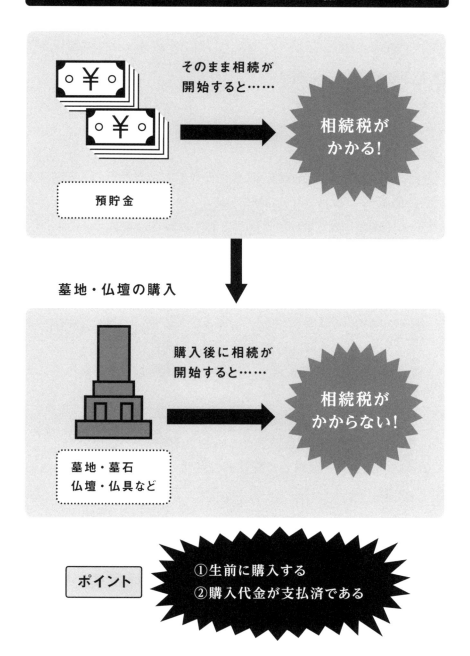

墓地や仏壇の購入代金の取り扱い

¥ ¥

そのまま相続が
開始すると……

相続税が
かかる!

預貯金

墓地・仏壇の購入

購入後に相続が
開始すると……

相続税が
かからない!

墓地・墓石
仏壇・仏具など

ポイント

①生前に購入する
②購入代金が支払済である

6-11 自宅の改築は 生前に済ませておく！

● どうせやるなら生前に

　自宅の改築を生前に行うと、相続税の節税対策になります。相続財産の中に建物がある場合には、その建物の固定資産税評価額に対して相続税がかかります。

　建物の固定資産税評価額は、改築にかかった金額がそのまま固定資産税評価額になるわけではありません。かかった金額のおおよそ50％〜60％が、固定資産税評価額として反映されます。

　例えば、被相続人が2,000万円の預貯金を所有したまま相続が開始すれば、2,000万円に対して相続税がかかってきますが、生前にその2,000万円の預貯金で改築を行った場合には、建物の固定資産税評価額が増加する1,200万円（2,000万円の６割と仮定）に対して相続税がかかります。

　つまり、預貯金という資産が、建物という資産に変わったことにより、評価額が下がることになります。

　また、改築の途中で被相続人が死亡してしまった場合や、改築が終了していても相続税の申告期限までに固定資産税評価額が決定されていない場合には、建築業者に支払った金額の70％で評価することとされています。

　もし、近い将来において改築を行う予定であるならば、生前に行えば節税になります。一度、検討してみてください。

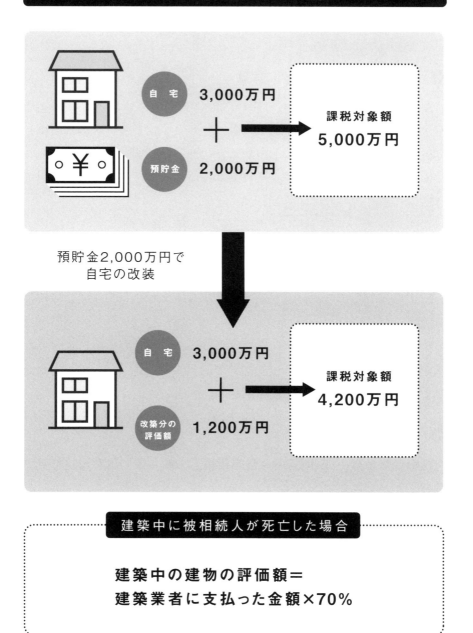

自宅を改築した場合の取り扱い

自宅 3,000万円 ＋ 預貯金 2,000万円 → 課税対象額 5,000万円

預貯金2,000万円で
自宅の改装

自宅 3,000万円 ＋ 改築分の評価額 1,200万円 → 課税対象額 4,200万円

建築中に被相続人が死亡した場合

建築中の建物の評価額＝
建築業者に支払った金額×70％

6-12 生命保険を活用すると相続対策ができる！

● 生命保険は相続対策に有効

　生命保険は、あらゆる面で相続対策に有効であることをご存じでしょうか。一般的に、相続対策には「争わないための遺産分割対策」「納税資金対策」「相続税の節税対策」「資産の最適運用対策」「まさかに備えた対策」があります。そのすべてにおいて、生命保険が活用できるのです。

　ここからは、生命保険を活用した節税対策を紹介していきます。

● 生命保険金の取り扱い

　被相続人の死亡によって、保険会社から支払われる生命保険金は、「みなし相続財産」となります。みなし相続財産とは、「相続開始時点で被相続人が財産として持っていたものではないけれど、被相続人が亡くなったことによって相続人が受け取ることになった財産」のことを言います。このみなし相続財産には、相続税がかかります。

● 生命保険金の非課税枠

　生命保険金は、「500万円×法定相続人の数」までは非課税で受け取ることができます。

　例えば、相続人が配偶者と子ども2人の場合には、法定相続人の数が3人ですので、500万円×3人＝1,500万円まで非課税となります。同じ1,500万円を遺すのであれば、現金よりも生命保険で遺しておくほうが、相続税の面から考えれば有利です。

　被相続人に養子がいる場合には、実子がいれば1人、実子がいなければ2人まで法定相続人の数に含めることができます。

生命保険の500万円非課税枠

> **生命保険金の非課税枠＝500万円×法定相続人の数**

具体例

【前提条件】 被相続人　夫
　　　　　　 相続人　　妻・長男・長女の3人
　　　　　　 相続財産　1億円

生命保険に加入していない場合

妻　　（1億円－4,800万円）×1/2×15％－50万円＝340万円
長男　（1億円－4,800万円）×1/4×15％－50万円＝145万円
長女　（1億円－4,800万円）×1/4×15％－50万円＝145万円
　　合計　630万円の相続税

生命保険に1,500万円加入している場合

※500万円ずつ相続人3人が受け取った場合
相続財産　1億円－1,500万円＝8,500万円
妻　　（8,500万円－4,800万円）×1/2×15％－50万円＝227.5万円
長男　（8,500万円－4,800万円）×1/4×10％＝92.5万円
長女　（8,500万円－4,800万円）×1/4×10％＝92.5万円
　　合計　412.5万円の相続税

この例の場合、生命保険に加入することで
630万円－412.5万円＝217.5万円
の節税が可能となります!!

6-13 死亡保険金の受取人は誰がいいのか？

● 生命保険金の非課税枠が適用できる受取人

　生命保険金に係る「500万円×法定相続人の数」の非課税枠は、すべての保険契約で活用できるわけではありません。以下の2つの条件を満たす必要があります。

①生命保険金の受取人が相続人
②契約者＝被保険者＝被相続人

　したがって、例えば、**相続人ではない孫が受取人である場合は、この非課税枠を活用することはできません。**

　さらに、相続人ではない孫が受取人である場合、生命保険金に対して、通常より2割多い相続税がかかるため、注意が必要です。

保険の契約形態とかかる税金の種類

保険契約者	被保険者	保険金受取人	税　金
夫 （被相続人）	夫 （被相続人）	妻 （相続人）	相続税 **非課税枠適用可!**
妻 （相続人）	夫 （被相続人）	妻 （相続人）	所得税 妻の一時所得
妻 （相続人）	夫 （被相続人）	子 （相続人）	贈与税 妻→子への贈与

◉ 受取人は配偶者にすべきなのか

　保険契約をする際にしっかりと考えておきたいことが、生命保険金の受取人です。前述したように、生命保険金の非課税枠を活用するには、受取人が相続人である必要があります。

　生命保険金の受取人として、最初に思い浮かぶのが配偶者だと思います。実際、私どもが相続のお手伝いをしている中で、各相続人のうち、生命保険金を一番多く受け取っているのは、配偶者であることがほとんどです。

　遺された配偶者の生活保障を考えれば、配偶者に一番多く生命保険金を受け取ってもらいたいと考えるのは当然のことだと思います。

　しかし、家族全体のことを考え、できるだけ税金面が有利になるように相続財産を次の世代に移転しようと考える場合には、考え方は変わってきます。

　配偶者には「配偶者の税額軽減」という制度があり、1億6,000万円、あるいは配偶者の法定相続分相当額のどちらか多い金額まで相続税はかかりません。

　この制度を活用した場合、同額の財産を取得したとしても、配偶者よりも子どもなど他の相続人のほうが、相続税を多く負担することとなります。

　したがって、**生命保険金の非課税枠は、配偶者以外の他の相続人が活用したほうが、税金面では有利になります。**

　また、配偶者に多くの財産を遺すよりも子どもに財産を遺したほうが2次相続における相続財産が少なくなります。

　その結果、2次相続の際の相続税が安くなるので、この点も含めて、総合的に生命保険金の受取人を判断することが必要です。

　このように、相続税の節税対策をする上で、保険の契約形態は十分に気をつけなければいけないことですが、それと同時に、自分の想いを伝える手段の一つであることも忘れないでほしいところです。

6-14 生前贈与と生命保険を組み合わせて活用する!

● 納税資金対策として生前贈与は効果的

生命保険金の非課税枠を活用する方法以外にも、生命保険と生前贈与を組み合わせることで、相続税の「節税対策」「納税資金対策」になる方法があります。

被相続人から相続人に現金を生前贈与し、相続人がそのもらった現金で生命保険に加入する方法です。

この方法によれば、相続人はもらった現金を生命保険という財産に変えることになるので、使いにくくなるという効果があります。

子や孫へ現金の生前贈与をしたいが、子や孫が贈与でもらった現金を無駄遣いしてしまわないか心配だという方におすすめです。

例えば、財産が1億円あり、相続人は子どもが1人いる父から子に、毎年110万円の現金を10年間生前贈与し、子はその生前贈与により受け取った現金110万円を利用して終身保険に加入します。保険料の払込期間は生前贈与を受ける期間と同じ10年に設定します。

この時、終身保険の被保険者を父にしておくことで、父の相続開始後に子は生命保険金を受け取り、相続税の納税資金とすることができます。

さらに、生前贈与により父の財産は最大で1,100万円（110万円×10年）は減っているため、相続税が330万円安くなります（次ページ図参照）。

この方法を使う場合、保険の契約形態は下記の通りです。

・生前贈与をする人（贈与者）＝被保険者
・生前贈与を受ける人（受贈者）＝契約者＝保険金受取人

228

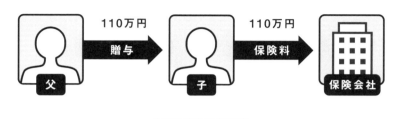

生前贈与を利用して終身保険に入る流れ

父 → 110万円 贈与 → 子 → 110万円 保険料 → 保険会社

対策前

（1億円ー基礎控除3,600万円）×
30%ー700万円＝1,220万円…①

対策後

（1億円ー生前贈与累計1,100万円ー
基礎控除3,600万円）×30%ー700万円＝890万円…②

節税効果

① － ② ＝ 330万円

　なお、上記の契約形態は、受贈者が生命保険金を受け取った際に、その生命保険金は受贈者の一時所得になり、所得税がかかりますが、受取保険料と払込保険料の差額が50万円を超えなければ、所得税はかかりません。

　一時所得の計算方法は、下記の通りです。

（受取保険金 － 払込保険料の総額 － 特別控除 50万円）×1/2

6-15 相続を放棄しても保険金はもらえるか?

● 相続放棄と死亡保険金

相続人は、相続開始を知った日から3ヵ月以内であれば「相続放棄」ができます。相続放棄は、被相続人の財産を相続する権利を放棄することです。

例えば、相続人同士でもめごとがあって巻き込まれたくない場合や被相続人が遺した多額の借金を相続したくない場合などに、相続放棄を検討することがあります。

では、生命保険金がある場合に相続放棄をしたら、その保険金を受け取ることができなくなるのでしょうか。

みなし相続財産である生命保険金は、民法上の相続財産ではなく、受取人の固有の財産とされています。したがって、**相続放棄をしても、生命保険金は受け取ることができるのです。**

ただし、同じ保険金であっても、入院給付金や手術給付金などで、受取人が被相続人となっているものは、被相続人の財産であるため、相続放棄した相続人はそれらを受け取ることはできません。

生命保険金と一緒にそれらの給付金などが支払われることもあるので、注意が必要です。

● 生命保険金の非課税枠は適用されない

相続人が、相続放棄をして生命保険金を受け取った場合、その保険金には生命保険金の非課税枠「500万円×法定相続人の数」は適用されませんので、注意が必要です。

生命保険金の受取人が、相続放棄をすることによって相続人でなくなるためです。

なお、「500万円×法定相続人の数」の法定相続人の数には、相続放棄をした相続人も含まれます。

例えば、法定相続人が3人いて、そのうちの1人が相続放棄をした場合、生命保険金の非課税枠は、500万円×2人＝1,000万円になるのではなく、500万円×3人＝1,500万円になります。

財産放棄をした場合の具体例

具体例

【前提条件】　被相続人　　夫
　　　　　　　相続人　　　妻、長男、長女
　　　　　　　生命保険金　各相続人1,000万円ずつ

通　常

相続財産：生命保険金1,000万円×3契約＝3,000万円から、生命保険金の非課税枠500万円×法定相続人の数3人＝1,500万円を引いた**1,500万円の生命保険金に対して相続税がかかる**

長女が相続放棄をした場合

●妻と長男
相続財産：生命保険金1,000万円×2契約＝2,000万円から、生命保険金の非課税枠500万円×法定相続人の数3人＝1,500万円を引いた**500万円の生命保険金に対して相続税がかかる**

●長女
相続放棄をすることで相続人でなくなり、生命保険金の非課税枠を適用することができないため、受け取った**1,000万円の生命保険金に対して相続税がかかる**

6-16 生命保険を活用して遺留分対策を講じる!

● 遺留分に注意

　兄弟姉妹以外の相続人には、法律上、遺留分という最低限の相続財産を相続できる権利が保障されています。

　例えば、父が亡くなり、「長男にすべての財産を相続させる」という内容の遺言が遺されていたとします。相続人が、長男・次男・長女の３人であった場合、次男と長女は長男に対して自分たちの遺留分を支払うように請求をすることができます。

　そうすることで、次男と長女は、相続財産のうち６分の１ずつを遺留分として相続することが可能です。

　しかし、相続財産が不動産だけの場合、長男が遺留分を自分の持っている現金で支払うことができれば丸く収まりますが、その財力がない時は支払いができず困ってしまいます。

　このような場合には、遺留分対策として生命保険を活用することができます。

● 生命保険金を遺留分の支払い原資とする

　財産を多く相続する相続人が受取人となる生命保険に加入しておけば、遺留分対策になります。

　相続開始後に遺留分を請求された場合、その相続人は受け取った生命保険金で、他の相続人に遺留分を支払うことができます。

　生命保険金は受取人の固有の財産であるため、他の相続人の相続分と比較して極端に不公平な額でなければ、遺留分として請求される財産の対象にはなりません。

　例えば、長男が3,000万円の自宅と1,000万円の生命保険金を受け

取った場合、次男と長女が遺留分として請求できるのは、相続財産である3,000万円の自宅に対してのみです。

　次男と長女の遺留分は500万円 (3,000万円×1/6) ずつの計1,000万円なので、長男は受け取った1,000万円の生命保険金で遺留分の支払いをすることができます。

生命保険による遺留分対策

保険会社

父

生命保険金
1,000万円

自宅評価額
3,000万円

500万円の
支払い

長男

500万円の
支払い

遺留分の
請求

遺留分の
請求

次男

長女

6-17 退職金の非課税枠も有効に活用しよう！

● 死亡退職金の定義

死亡退職金とは、被相続人の死亡により、被相続人が勤務していた会社などから、その遺族に対して支給される退職金です。

死亡退職金は、みなし相続財産とされ、相続税がかかります。**死亡退職金には、生命保険金と同様に「500万円×法定相続人の数」の非課税枠があります。**

ただし、死亡退職金を受け取るタイミングによって非課税枠が適用されないこともあるため、注意が必要です。

非課税枠が活用できる死亡退職金は、被相続人の相続開始後3年以内に支給が確定したものです。3年経過後に遺族が死亡退職金を受け取った場合、その受取人の一時所得となり、所得税がかかります

退職金の受取時期によってかかる税金の種類が異なります。まとめると下記の通りです。

死亡退職金の税金の種類		
受取時期	受取人	税　金
生　前	本　人	所得税 （退職所得）
相続開始後 3年以内	相続人	相続税
相続開始後 3年経過後	相続人	所得税 （一時所得）

● 死亡退職金と弔慰金の違い

　被相続人の死亡により、被相続人が勤務していた会社などから、その遺族に対して、死亡退職金のほかに弔慰金が支払われることもあります。

　弔慰金とは、故人を弔い、遺族を慰めることを目的として贈られる金銭のことを言います。弔慰金には、一定金額まで相続税はかかりません。

　退職金とは異なり、被相続人が生前に受け取る権利を持っていたものではなく、会社などから遺族に支払われるものであり、相続財産にならないからです。

　そこで、相続税がかかる死亡退職金の代わりに、相続税がかからない弔慰金を受け取ることで、相続税の節税が可能になります。

　弔慰金は、下記の区分に応じて、それぞれの金額まで相続税がかかりません。

①被相続人の死亡が業務上の死亡である時
　　被相続人の死亡当時の普通給与の３年分に相当する額
②被相続人の死亡が業務上の死亡でない時
　　被相続人の死亡当時の普通給与の半年分に相当する額

6-18 預金は死亡する前に引き出したほうがよい!

● 預金口座は凍結される

葬式費用などは生前に引き出しておいたほうがいいでしょう。金融機関は被相続人が死亡した事実を把握すると、被相続人の預金口座を凍結します。これ以降は、入金も出金もできなくなります。

被相続人が死亡した後でも、引き出しができる場合がありますが、これは金融機関が被相続人の死亡の事実を把握していないためで、把握した時点で預金口座は凍結されます。

被相続人が死亡し、葬儀が終わると葬式費用を葬儀社に支払わなければいけません。その他にも、被相続人の入院費の支払い、遺された配偶者の当面の生活費などの支払いもあります。

相続人の中に、これらの費用を立替えて払うことができる人がいればいいのですが、数百万円になる場合もありますので、事前に引き出しておいたほうがいいでしょう。

預金口座の凍結を解除して、預金を払い戻してもらうためには、すべての遺産分割がまとまっていなくても可能です。凍結を解除したい預金口座についてのみ、誰が取得するかを決めれば、払い戻しが可能になります。

凍結解除の手続きは、金融機関指定の用紙に相続人全員の署名押印をして、下記の添付書類と一緒に提出します。

・被相続人の出生から死亡までの戸籍謄本・除籍謄本
・相続人全員の戸籍謄本
・相続人全員の印鑑証明書
・通帳・キャッシュカードなど

◉ 預貯金の仮払い制度

　預貯金の仮払い制度とは、必要な書類を揃えることで、遺産分割協議の成立前でも、預金口座から一定金額の仮払いを受けることができる制度です。

　相続人は預金口座ごとに、「預金残高×1／3×法定相続分」を限度として、仮払いを受けることができます。

　ただし、仮払い制度の上限額は、1つの金融機関につき150万円が上限となっているため、上記の計算結果が150万円を超える場合は、上限額の150万円が仮払いされることになります。

　金融機関が複数ある場合には、それぞれの金融機関から仮払いを受けることができます。

　仮払い制度は、相続人全員の許可を得なくても預貯金の引き出しをすることができますが、トラブルを避けるためにも、仮払い制度を利用する旨を他の相続人に伝えておくべきでしょう。

◉ 引き出しただけでは節税対策にならない

　相続が開始する前に預金を引き出してしまえば、預金残高が減少するために相続税が節税できると考える方がいます。

　しかし、相続が開始する前に被相続人の預金を引き出しても、相続税の節税対策にはなりません。

　預金口座から引き出した現金を、相続が開始する前に、生活費などに使ってしまえば、相続財産にはなりませんが、引き出した現金が残っていると、現金として相続財産にカウントされます。

　また、相続開始前3年以内に、引き出した現金を相続人や受遺者に贈与した場合には、その贈与した現金は相続財産に加算されますが、贈与時に贈与税を納めている場合には、その贈与税は相続税から控除されます。

著者略歴

松本有史 まつもと ゆうじ

税理士法人TARGA代表社員

1969年生まれ。明治大学商学部卒業後、資産税に特化した税理士法人、大手監査法人系コンサルティング会社を経て1995年に独立開業。相続・事業承継関連のセミナー講師としても活躍している。
相続税の税務調査の経験も豊富で、国税不服審査請求などの高度な税務手続きも複数経験しており、現場を知り尽くした専門家である。
主な著書に『はじめての相続・贈与辞典』(アスカ出版)がある。

税理士法人TARGA
http://www.mkaikei.com

浜松相続サポートセンター
http://www.hamamatsu-souzoku.com

執筆協力者

第1章担当
向坂隼人
静岡県立大学経営情報学部卒業後、税理士法人TARGA入社。

第2章担当
夏目友也
名城大学経済学部卒業後、税理士法人TARGA入社。

第3章担当
松井志帆
愛知学院大学経済学部卒業後、税理士法人TARGA入社。

第4章担当
影山敬洋
東京経済大学経済学部卒業後、税理士法人TARGA入社。

第5章担当
菅沼知子
東京女子大学文理学部卒業後、システムエンジニアを経て、
税理士法人TARGA入社。

第6章担当
久保田祥宏
岐阜経済大学経営学部卒業後、会計事務所勤務を経て、
税理士法人TARGA入社。

上手な相続は生前贈与で決まる！

2021年 12月 15日　初版第 1 刷

著　　　者 ——————— 松本有史
発 行 者 ——————— 松島一樹
発 行 所 ——————— 現代書林
　　　　　　　　　〒162-0053　東京都新宿区原町3-61　桂ビル
　　　　　　　　　TEL／代表　03(3205)8384
　　　　　　　　　振替00140-7-42905
　　　　　　　　　http://www.gendaishorin.co.jp/
ブックデザイン＋DTP ——— 吉崎広明（ベルソグラフィック）
図　　　版 ——————— にしだきょうこ（ベルソグラフィック）
イラスト ——————— Le_Mon,Barks/Shutterstock

印刷・製本　㈱シナノパブリッシングプレス　　　　　　　定価はカバーに
乱丁・落丁本はお取り替えいたします　　　　　　　　　表示してあります。

ISBN978-4-7745-1923-4 C0032